Nunca é tarde para recomeçar

Nunca é tarde para recomeçar

Pelo espírito
ANGELUZ

Psicografia de
ROBERTA TEIXEIRA DA SILVA

Nunca é tarde para recomeçar
pelo espírito Angeluz
psicografia de Roberta Teixeira da Silva

1ª edição – novembro de 2011

Direção editorial: *Celso Maiellari*
Assistente editorial: *Fernanda Rizzo Sanchez*
Revisão: *Maria Aiko Nishijima*
Projeto gráfico e arte da capa: *Ricardo Brito / Designdolivro.com*
Imagens da capa: *Eyejoy e Selimaksan / iStockphoto.com*
Impressão e acabamento: *Bartira Gráfica*

Dados Internacionais de Catalogação na Publicação (CIP)
(Câmara Brasileira do Livro, SP, Brasil)

Angeluz (Espírito).
Nunca é tarde para recomeçar / pelo espírito Angeluz ; psicografia de Roberta Teixeira da Silva. – São Paulo : Lúmen Editorial, 2011.

ISBN 978-85-7813-052-7

1. Espiritismo 2. Psicografia 3. Romance espírita
I. Silva, Roberta Teixeira da. II. Título.

11-10316 CDD-133.9

Índice para catálogo sistemático:
1. Romance espírita psicografado : Espiritismo 133.9

Rua Javari, 668
São Paulo – SP
CEP 03112-100
Tel./Fax (0xx11) 3207-1353

visite nosso site: www.lumeneditorial.com.br
fale com a Lúmen: atendimento@lumeneditorial.com.br
departamento de vendas: comercial@lumeneditorial.com.br
contato editorial: editorial@lumeneditorial.com.br
siga-nos no twitter: @lumeneditorial

Deus, em sua inesgotável generosidade, nos dá uma nova chance para revermos as nossas faltas e seguirmos adiante em nosso caminho, pois, para Ele, nunca é tarde para recomeçar!

Agradecimentos

Agradeço a Deus e à espiritualidade, por esta grande oportunidade de aprendizado.

Ao espírito Angeluz, que se tornou um companheiro de ideal, por ter me escolhido para ser a sua intérprete.

À toda minha família, em especial ao meu marido Marcelo e à minha filha Carla, pela paciência e compreensão.

Aos meus amigos, principalmente o sr. Toninho, o Sérgio e a Renata, que me ajudaram a perseverar na tarefa mediúnica.

Ao irmão Tadeu, de Araxá, que sempre me incentivou a prosseguir nesta seara de luz.

Sumário

Parábola do Semeador, 11

Introdução, 13

UM A doce Joana, 15

DOIS A grande revelação, 29

TRÊS A vida em família, 43

QUATRO O destino de Heber, 51

CINCO Lembranças vivas, 63

SEIS O inferno é criação do homem, 71

SETE Diálogo esclarecedor, 83

OITO O plano, 97

NOVE A verdadeira identidade de Joana, 113

DEZ A história de Brutus: o cavaleiro, 123

ONZE A fuga, 137

DOZE O amor é a verdadeira luz, 149

TREZE O resgate iluminado, 163

CATORZE O sublime reencontro, 175

QUINZE Esperança e renovação, 187

DEZESSEIS O amor transforma, 195

DEZESSETE Reconciliação e perdão, 207

DEZOITO Oportunidade renovada, 217

Parábola do Semeador

Aquele que semeia, saiu a semear e, enquanto semeava, uma parte da semente caiu ao longo do caminho e, vindo os pássaros do céu, a comeram.

Outra caiu nos lugares pedregosos onde não havia muita terra; e logo nasceu porque a terra onde estava não tinha profundidade. Mas o Sol, tendo se erguido em seguida, a queimou; e, como não tinha raízes, secou.

Outra caiu nos espinheiros, e os espinhos, vindo a crescer, a sufocaram.

Outra, enfim, caiu em boa terra, e deu frutos, alguns grãos rendendo cento por um, outros sessenta e outros trinta.

Que ouça aquele que tem ouvidos para ouvir[1].

Escutai vós, pois, a parábola do semeador:

Todo aquele que escuta a palavra do reino e não lhe dá atenção, o espírito maligno vem e arrebata o que havia

1. Mateus, cap. 13, 1 a 9 (Nota da Autora Espiritual).

sido semeado em seu coração; é aquele que recebeu a semente ao longo do caminho.

Aquele que recebeu a semente no meio das pedras é o que escuta a palavra, e que a recebe na hora mesmo com alegria; mas não tem em si raízes, e não está senão por um tempo; e quando sobrevêm os obstáculos e as perseguições por causa da palavra, a toma logo como um objeto de escândalo e de queda.

Aquele que recebe a semente entre os espinhos é o que ouve a palavra; mas em seguida, os cuidados deste século e a ilusão das riquezas sufocam em se essa palavra, e a tornam infrutífera.

Mas aquele que recebe a semente numa boa terra é aquele que escuta a palavra, que lhe presta atenção e que dá fruto, e rende cento, ou sessenta, ou trinta por um[2].

---

2. Mateus, cap. 12, 18 a 23 (NAE).

Introdução

Sementes de luz são as palavras, os pensamentos e os sentimentos que direcionamos em benefício das pessoas.

Cabe a cada um de nós a escolha das sementes que plantamos em nosso jardim interior. Todavia, não podemos olvidar que a semeadura de hoje, fatalmente será a nossa colheita de amanhã. Por essa razão a vida nos convida, todos os dias, à prática da renovação íntima.

Ressalto que essa singela obra não se trata apenas de um romance. A narração que aqui se encerra não é fictícia, mas sim real. E creio que será sentida em cada coração que ela tocar, nos mais profundos recônditos da alma.

Afinal, somos todos como sementes de luz plantadas por nosso Pai Maior a fim de nos permitir germinar frutos na Terra por meio do trabalho incessante no bem.

Está em nossas mãos a transformação deste mundo de provas e expiações em um novo mundo de regeneração e fraternidade!

Muitas bênçãos de paz!

Espírito Angeluz

capítulo um
A DOCE JOANA

ERA MANHÃ DE QUARTA-FEIRA, E A AGITAÇÃO TOMAVA conta da cidade, que ficava localizada no interior de São Paulo. Eram centenas as pessoas infectadas por aquele vírus que trazia destruição e lágrimas. Famílias inteiras rezavam, diuturnamente, implorando por ajuda celeste, em vão.

Vítimas da peste não paravam de aumentar e, Joana, tão jovem, agonizava no leito improvisado de um abrigo para os doentes. Em vão implorava socorro e a cada vez que a tosse pestilenta lhe tomava a garganta, muito sangue jorrava de sua boca.

Quase perdendo a consciência, ela começou a enxergar uma claridade ao seu redor e viu também alguns rostos, até então desconhecidos, que distribuíam sorrisos, convidando-a a manter o equilíbrio e a resignação para o momento derradeiro que se aproximava.

Alguns instantes se passaram e Joana percebeu que acordara de um sono intenso. Sua roupa, ainda suja, denunciava que havia dormido horas e talvez dias. Já não sabia mais onde estava e não encontrava as enfermeiras que outrora lhe prestaram os socorros indispensáveis. Sentia fome, frio e sede. Notou que a tosse dera trégua, e a febre, que era alta, havia cedido. Retomou um pouco da consciência e quis gritar, mas percebeu que a sua voz estava demasiadamente fraca.

Não havia movimento nenhum e começou a ficar com medo. Olhava para os lados e não avistava ninguém. Sentiu o peso de uma solidão que jamais imaginara experimentar um dia. A família distante, os amigos afastados, temendo a contaminação e, agora, encontrava-se completamente só.

Quando estava perdendo as esperanças e entregue à própria sorte, ouviu uma voz, que parecia vir em sua direção:

– Joana, Joana! Maldita! Assassina! Se você acha que vai se esconder de mim, está muito enganada! Volte aqui e pague por todos os seus erros! Não esqueci o que me fez... Não mereci os seus insultos... Por que o veneno letal? Por que planejara me matar?

Joana, desesperada, reuniu as últimas forças que ainda tinha e correu. Correu muito até avistar um senhor de cabelos brancos, estatura mediana, de corpo magro e frágil, que pousou sobre ela os olhos serenos e falou:

– Minha jovem, o que a aflige? Por acaso ainda não sabe de seu novo "estado"?

Joana, surpresa, respondeu:

– Senhor, eu não sei quem você é, mas, por Deus, rogo o seu auxílio! Há alguém que brada horrores para mim e me acusa de coisas que não fiz! Creio ser alguma doente que delira, porém, agora não posso ajudá-la, pois me sinto tão debilitada quanto aquela pobre alma sofredora...

E o velhinho, observando que a menina ignorava o que lhe havia sucedido, indagou:

– Filha, você consegue se lembrar de seu nome?

– Sim, senhor, meu nome é Joana e estou às suas ordens.

– Joana! Belo nome – afirmou o bondoso benfeitor. – Pode me chamar de Elias. Estou aqui para promover o seu auxílio neste momento de transição que todos nós, um dia, vamos passar.

A bela moça, demonstrando dúvida em seu semblante, perguntou:

– Momento de transição? Desculpe, sr. Elias, mas não consigo compreender...

E enquanto a palestra esclarecedora prosseguia, a mesma voz de outrora retornava, agora mais furiosa:

– Joana, Joana? Cadê você? Não vai tardar o momento de nosso acerto de contas. Ah, você não perde por esperar! Ainda sinto o gosto amargo daquela substância embriagante em minha garganta... Joana! Joana! Traidora!

A pobre moça, agora trêmula, volveu o olhar amedrontado a Elias, suplicando-lhe a sua intervenção, mas uma escuridão tomou conta de seus olhos e ela percebeu que aos poucos perdia os sentidos.

Já era noite quando Joana abriu os olhos novamente. Agora estava em uma cama limpa, com lençóis alvos e cheirosos. Vestia uma camisola engomada e estava bem aquecida. Olhou ao redor e percebeu que no quarto em que estava, outros pacientes de diferentes fisionomias se entreolhavam, curiosos.

Quis chamar algum médico, mas, para sua surpresa, deparou novamente com aquele senhor bondoso de momentos antes. Agora, mais segura por ter visto uma pessoa conhecida, exclamou:

– Senhor Elias, que bom reencontrá-lo! Não consigo recobrar ainda total consciência, mas me recordo do instante em que estávamos naquele lugar, sombrio e desconhecido, repleto de vozes e gritos terríveis...

– Não continue – disse Elias – preserve o seu corpo. Sua doença ainda não sarou completamente e por esse motivo não é bom facilitar. Sente-se melhor?

– Melhor impossível! – respondeu a tutelada, sorrindo. – Mas tenho fome, pois perdi a conta dos dias em que deixei de me alimentar. Estou muito fraca, desanimada...

– Vou providenciar uma alimentação bem leve e logo receberá um caldo energizante, que vai lhe restaurar as forças!

A convalescente, com muita espontaneidade, sorrindo, asseverou:

– Não sei como agradecer-lhe, sr. Elias! Nem o conheço direito, mas já sinto um enorme carinho pelo senhor!

– Não precisa ser tão formal – salientou o benfeitor. – Apenas me chame de Elias. Amigos dispensam qualquer formalidade, não é mesmo, Joana?

– Tem razão – concordou a convalescente. – Agora somos amigos de verdade!

– Bem, o tempo de visitas está acabado. É preciso respeitar o horário de forma rigorosa, a fim de evitarmos quebrar a rotina do hospital. Afinal de contas, temos outros colegas enfermos que necessitam do repouso reparador. Inclusive, mocinha, era o que deveria fazer – brincou, de forma paternal, o abnegado instrutor.

– Não conseguiria! Acho que dormi muito além do que imagino! Preciso apenas me alimentar. De qualquer maneira, Deus há de retribuir tudo o que o senhor, quer dizer, o que você fez por mim!

– Ora, Joana, não se preocupe com nenhum tipo de retribuição pelo que estou fazendo por você. Saiba que o bem que faço vem do fundo do meu coração. Aliás, todo o bem feito aos outros traz muito mais benefícios a quem o faz do que àqueles a quem ajudamos! Amanhã, neste mesmo horário, volto para vê-la. Fique em paz.

A claridade invadiu o quarto em que Joana estava internada. Era dia e o sol brilhava como nunca. A tutelada de Elias ainda permanecia surpresa com a reviravolta que sua vida havia dado, mas agora se sentia melhor. Os espasmos, a febre e o mal-estar já não eram mais incômodos; no lugar de todos esses sintomas, sentia uma energia revigorante, como se tivesse nascido de novo.

Apenas refletia na rapidez dos atuais acontecimentos e não conseguia entender como saíra do abrigo em que estava com as outras vítimas da peste. O que lhe teria acontecido?

Joana era uma jovem de apenas quinze anos terrestres, mas seu espírito era muito iluminado. Como todos os humanos, ela cometera muitos erros, porém o seu desencarne, ainda precoce, fez parte do resgate de alguns débitos que contraíra, em um passado distante.

Já o nobre espírito Elias era um missionário. Trabalhava com afinco na seara de Jesus, em uma colônia espiritual chamada "Seareiros do Bem". Ele havia partido da Terra centenas de anos atrás e dedicava-se exclusivamente ao auxílio dos recém-desencarnados.

Foi designado pelo plano espiritual para tutelar Joana, a pedido de Clara, uma amiga da jovem em uma vida pretérita. Essa benfeitora já alcançara uma boa condição de elevação moral e, por essa razão, havia se tornado merecedora da dádiva de auxiliar um ente querido no mundo dos espíritos.

A primeira tarefa de Elias era esclarecer a recém-chegada acerca de sua atual condição de desencarnada. Assim que a menina compreendesse o que ocorrera, ele passaria para a segunda etapa do trabalho: auxiliá-la em uma missão muito importante.

Refletindo em como faria a grande revelação, Elias entrou no quarto da convalescente, sorrindo:

– Como vai, bela jovem? Vejo que já voltou a ficar corada! Sente-se bem agora?

– Elias! Que bom revê-lo – disse a interpelada, demonstrando simpatia. – Estou ótima, não sinto mais nenhum mal-estar, parece que a febre cedeu de vez e agora estou completamente revigorada! Graças a Deus e ao senhor, que atravessou o meu caminho!

O bondoso benfeitor, feliz com o entusiasmo demonstrado pela sua mais nova tutelada, indagou:

– Joana, trouxe-lhe um vestido florido e alegre. Peço que tire essa camisola e venha passear comigo pela cidade! Aceita o meu convite?

A convalescente, contente pela possibilidade de poder voltar a respirar ar puro, respondeu, demonstrando alegria:

– É claro que sim! Visto-me em alguns instantes!

Após a rápida troca de roupas, ambos começaram a caminhar. Não demorou muito para a moça se deslumbrar diante da abertura dos grandes portões dourados do hospital. Isso porque, logo que saiu, avistou um imenso jardim, cujas flores ornamentais contavam com várias espécies e cores variadas. Além da maravilhosa paisagem floral, havia uma imensidão de árvores verdejantes, umas até com alguns frutos, que, para ela, eram desconhecidos.

Encantada com tamanha beleza, questionou:

– Elias, que lugar é este? Não me recordo de ter passado por nenhum local parecido antes! Não me lembro desta praça, deste hospital... Acaso estamos em alguma outra cidade?

– Minha querida jovem, é exatamente sobre isso que quero lhe falar. Não se surpreenda por ter a sensação de que nunca esteve aqui, pois você tem razão. Se tiver paciência, prometo lhe explicar tudo, sem esconder nenhum detalhe.

– Elias – disse a jovem, um pouco apreensiva – saiba que não tenho pressa. Ouvirei tudo o que tem a me dizer, pois preciso de explicações para as dúvidas que me assolam a mente...

– Se está pronta, então começarei a falar – informou o benfeitor.

Joana, serena e com um olhar penetrante, foi dominada por um leve torpor e, sob a influência dessa energia, prontificou-se a escutar o seu mais novo protetor, com extrema atenção.

Elias, muito experiente na conversação com espíritos recém-chegados do plano terrestre, começou a palestra:

– Joana, minha filha, o que os seus ouvidos escutarão agora talvez soe de forma surpreendente, porém, saiba que muitas das verdades em relação à nossa existência ainda se escondem sob o véu do esquecimento, que se dá por um período mais ou menos curto, que coincide com o nosso tempo de vida na Terra. O que tenho a lhe revelar é que a vida não cessa nunca. Somos espíritos imortais, necessitados de evolução, pois esta é uma das grandes leis divinas. Progredir faz parte do processo evolutivo e, para tanto, somos submetidos a verdadeiras provas, que nada mais são do que oportunidades que temos de demonstrar que aprendemos as lições do Evangelho de Jesus. E, dirigindo-se à Joana, inquiriu:

– Você conhece a vida de nosso Mestre Jesus?

– Sim – a aprendiz aquiesceu com a cabeça. – Jesus foi o maior exemplo de amor e bondade que já esteve entre nós. Mas quase não tive oportunidade de conhecer a sua história, pois logo adoeci, e apenas uma das enfermeiras, de vez em quando, repetia algumas de suas parábolas para acalmar a dor dos enfermos.

– Bem – prosseguia Elias –, Jesus Cristo foi o precursor do amor entre os homens. Espalhou sobre o planeta as mais preciosas lições de vida, os maiores exemplos de humildade e resignação que a humanidade já viu. Entre suas promessas de um reino mais justo e bom, disse que enviaria à raça humana um consolador, cuja missão precípua era a libertação de consciências para uma verdade real e esclarecedora. É sobre uma dessas verdades que quero conversar com você.

Joana abriu mais os olhos azuis, expressando grande ansiedade por aquelas palavras que, a partir daquele instante, iriam se tornar tão importantes em sua vida.

E o velho espírito, sempre bondoso, continuou a palestra, um pouco mais sério:

– Querida, todos nós temos um tempo mais ou menos previsível de vida na Terra. Antes de sermos homens ou mulheres, fomos criados por Deus, nosso Pai Celestial, simples e ignorantes. Dotados de livre-arbítrio, podemos fazer as nossas próprias escolhas, mas sempre temos de arcar com as consequências de nossos atos. Aprendemos a teoria; contudo, após uma jornada de estudos, temos de colocar em prática o aprendizado recebido. Tal qual um educandário, somente logramos a promoção quando conseguimos a nota ideal. Assim também acontece com a experiência evolutiva. Vivenciamos escolhas, aprendemos, erramos, sofremos e fazemos sofrer. E tudo isso volta para nós, a fim de nos fazer crescer como pessoas e aprender a cultivar o amor e o bem em nosso coração. O destino de todos é a felicidade, é alcançar a dignidade para assumir a condição de filhos de Deus, ajudando o mais fraco a encontrar o seu caminho e divulgando pelo mundo o Evangelho do Cristo.

O abnegado instrutor fez uma pausa e prosseguiu:

– A maneira que o nosso Pai encontrou para possibilitar o nosso aprendizado foi por meio da reencarnação, que consiste em permitir que o nosso espírito, com bagagens adquiridas em uma existência anterior, renasça em um novo corpo, geralmente no meio daqueles que nos prejudicaram ou que por nós foram prejudicados, para repararmos as nossas faltas e podermos seguir adiante em nosso caminho, livres de qualquer pendência moral.

Joana, aproveitando o breve intervalo, já com lágrimas nos olhos, indagou:

– Eu acho que agora posso entender o que se passou comigo nestes últimos dias. Eu não estou mais na Terra e me encontro em um novo lugar, não é isso, Elias?

E o bom velhinho, sorrindo, respondeu:

– Joana, seu corpo material já não apresentava mais condições de continuar encarnado. A doença chegou a um estágio que prejudicou demasiadamente suas células físicas, e o momento de partir era inevitável. Peço apenas que não se atormente com tantas indagações, por enquanto. Ouça o que eu vou lhe dizer, pois é necessário ir devagar para que uma bênção não se transforme em sofrimento. A natureza humana é imediatista, mas a natureza divina é sábia, colocando toda a verdade no momento certo.

– Perdoe-me pela minha indiscrição e impaciência. Prometo que vou ouvi-lo sem interrupções – falou a jovem, um pouco arrependida por ter se deixado perturbar.

Elias retomou a palestra em tom de advertência:

– Como eu dizia, somos frutos de nossas escolhas. Não nos é dada a faculdade de recordarmos todas as experiências que tivemos, pois, se assim fosse, não obteríamos o êxito desejado, uma vez que seria impossível conviver no mesmo círculo de pessoas que prejudicamos ou que nos prejudicaram em outra época. Ainda não temos essa evolução moral. Por essa razão, Deus, em Sua infinita misericórdia, concede-nos a graça do esquecimento, semelhante a um novo alvorecer, para que tenhamos uma nova chance de fazer diferente e modificar o nosso presente, semeando um futuro melhor.

– Nossa! – exclamou a tutelada. – Como Deus é perfeito e justo! Agradeço a Ele todos os dias por tê-lo colocado em meu caminho...

– Joana – prosseguiu Elias, em tom grave –, você tem uma grande missão pela frente e eu estou aqui para auxiliá-la a dar os primeiros passos nessa tarefa bendita. Contudo, ressalto que, para sermos caridosos com os outros, necessitamos estar com o nosso coração limpo de qualquer mágoa, ressentimento ou rancor, por qualquer que seja o motivo. Um cristão consciente de seus deveres sabe que antes de qualquer coisa é necessário plantar em nosso íntimo o perdão das ofensas. Por acaso, minha jovem, você sabe o que significa a palavra "perdão"?

E a recém-chegada, em tom sereno e firme, respondeu:

- Perdoar significa entender que o aparente mal que alguém nos fez é fruto de sua ignorância para com as Leis Divinas. Em síntese, aquele que pratica o mal quase sempre ignora que a consequência de seu ato só vai repercutir nele próprio.

Após uma rápida reflexão, Joana complementou:

- Perdoar também é desculpar o equívoco, sem julgar a atitude de quem ofendeu. O estágio maior do perdão é o esquecimento da falta, pois, com isso, aquele que perdoou estará livre de qualquer laço negativo com quem o prejudicou, libertando-se para prosseguir em seu caminho.

Elias, um tanto surpreso, mas feliz, observou:

- Está vendo, Joana, como somos espíritos ricos de aprendizado? Pelo que eu li em sua ficha aqui na colônia, não me lembro de ter visto que estudou algo sobre religião na sua última existência! Como justificar uma resposta tão correta quanto a que deu agora? Tem ainda alguma dúvida acerca da existência de vidas sucessivas?

capítulo dois

A GRANDE REVELAÇÃO

JOANA SENTIU QUE ELIAS LHE TOCARA O MAIS PROFUNDO da alma. Agora estava conseguindo entender o que se passava com ela. Diante de tal constatação, respondeu ao nobre senhor:

– Não, querido amigo, não tenho nenhuma dúvida. Aos poucos sinto minha mente se recordar de fatos e pessoas que, até então, ignorava. O que me diz faz muito sentido. Se for possível, gostaria de encontrá-lo novamente para palestrarmos mais sobre esses assuntos. Preciso descobrir algo; todavia, ainda não consigo identificar exatamente o que é.

– Calma, querida jovem – obtemperou o amigo – teremos tempo suficiente para aclarar todas as dúvidas que dominam seu coração e sua alma. Voltemos ao hospital, pois já é hora de recolhimento.

Creio que amanhã terá alta e assim poderá vir comigo até a minha casa. Lá continuaremos conversando e trocando as informações e as impressões de tudo o que aconteceu com você nesses últimos dias.

E ambos, de mãos dadas, retornaram ao hospital para mais uma noite convidativa ao repouso reparador.

Joana estava entusiasmada com a companhia de seu novo amigo. Sentia-se bem melhor e não via a hora de chegar o momento em que receberia autorização para sair do leito e poder concluir a conversa com o velhinho simpático.

Não foi difícil adormecer. Mas aquela noite não seria igual às outras. Ao cerrar os olhos, Joana sentiu o seu corpo se erguer e sobre ele não tinha controle algum. Começou a dar alguns passos, ainda um pouco tonta, mas logo viu o rosto de Elias, um pouco mais iluminado do que o normal. Percebeu que o benfeitor acenava para ela e caminhava em sua direção.

– Elias?! – indagou, a jovem. – O que está havendo? Por que estamos aqui? Estou estranha! Por favor, pode me explicar o que está acontecendo?

E, com a serenidade que lhe era peculiar, o amigo respondeu com outra indagação:

– Preparada para assistir ao filme de sua vida?

Antes mesmo que Joana pudesse pensar, um grande clarão se fez na sala em que estavam e ela observou uma enorme tela de televisão, semelhante ao cinema terrestre. Foi informada pelo amigo de que o filme transmitido na tela era sobre a sua própria existência.

Ligeiramente pálida, a menina assistia atentamente às cenas que se desenrolavam diante de seus olhos.

Viu uma mulher jovem, de cerca de vinte anos, sentada sobre uma cama forrada com lençóis de seda pura, em um quarto enorme, olhando-se diante de um espelho. Ela penteava os cabelos claros e longos, quando gritou:

– Ana, onde você está? Será que vou ter de falar de novo que não gosto que empilhe as escovas de cabelo desse jeito? Tenho pressa e preciso me arrumar! Ana, Ana!

– Senhora, eu estou aqui, perdoe-me! Fui amamentar o meu filho e ele acabou demorando a adormecer! Perdão novamente! – respondeu a serviçal.

A senhora, embora contrariada, desabafou:

– Tudo bem, Ana, desculpe a minha impaciência. Mas sabe como é o Brutus! Não consegue esperar um segundo sequer, e eu preciso estar pronta, senão...

– Não peça desculpas, senhora! É meu dever servi-la! O que deseja?

A princesa, demonstrando certa arrogância, ordenou:

– Preciso de um vestido bem bonito! Hoje é noite de gala e tenho de descer deslumbrante para que Brutus se orgulhe de mim! Não vejo a hora de nos casarmos para eu ser a grande rainha! Vá, Ana, ajude-me, rápido!

E a escrava respeitosamente assentiu com a cabeça. Após alguns instantes, a bela princesa Cristal saiu de seu camarim, exibindo um lindo vestido de cetim verde-claro, coroada de joias preciosas e, nos cabelos cacheados e louros, um belo penteado.

– Senhora! – exclamou a serva, admirada. – Como está radiante! Uma verdadeira dama! O futuro rei não conseguirá desviar-lhe o olhar, minha futura rainha!

– Ora, Ana, sua opinião é suspeita – interrompeu Cristal –, quero ver mesmo é a reação dos nobres, assim que eu descer as escadas do imenso salão!

– Então vá – apressou-se a serviçal –, todos a aguardam impacientemente!

Cristal bateu a porta de seu aposento e logo apareceu no saguão superior do enorme castelo. Brutus, que já a aguardava havia algum tempo, não disfarçou o olhar ganancioso que endereçou à bela mulher que ali se postara.

Ela, de olhar firme e arrebatador, lentamente, desceu os degraus com a graça que lhe era comum e, sorrindo, mostrava os belos contornos de sua face juvenil. Ao mesmo tempo, exibia toda a malícia de uma mulher destemida e capaz de tudo para conquistar os seus desejos.

A tela foi se apagando e Joana sentiu que adormecera. Ainda com as impressões da noite, ela ouvia o ruído dos pássaros, que anunciavam o novo dia de sol. Sentiu que despertara de seu sonho, porém, tinha a sensação de não ter adormecido. Acabou surpreendida pelo chamado de um enfermeiro, que era portador de boas novas:

– Senhorita Joana? Tenho a honra de informar que o nobre Elias se encontra à sua espera na sala principal. O médico já lhe deu alta e a senhorita está livre para prosseguir em seus afazeres. Desejo-lhe uma boa sorte!

Joana, esboçando um sorriso de gratidão, endereçou-lhe um olhar afetuoso e respondeu:

– Cleiton, você é um bom homem. Obrigada por tudo o que fez por mim. Não costumo esquecer aqueles que me auxiliam!

O enfermeiro, um pouco ruborizado, correspondeu aos elogios e rematou:

– Senhorita, sua companhia é muito benquista. Volte quando desejar!

E a bela jovem avistou seu mais fiel amigo no jardim do grande hospital, pronto para levá-la consigo.

Elias sorriu e cumprimentou sua tutelada, convidando-a para acompanhá-lo até a sua residência, que ficava próximo ao hospital. Durante o trajeto, Joana, não conseguindo disfarçar a sensação de inquietude que carregava em seu íntimo, indagou gentil:

– Elias, esta noite algo muito estranho aconteceu comigo. Estava inebriada de sono e, assim que adormeci, vi que meu corpo permanecia inerte, mas a minha mente estava consciente. Avistei você entrando em meu aposento, querendo me levar a algum lugar. Sem titubear e confiante, levantei-me do leito e o segui até uma grande sala, onde havia uma enorme tela de televisão que mostrava algumas cenas que me eram familiares, mas ao mesmo tempo um tanto quanto confusas... Vi que havia uma bela mulher se arrumando e se enfeitando para recepcionar um grande rei, que a esperava em um castelo nobre e rico. Entretanto, o filme não havia chegado ao fim quando me vi novamente deitada em meu leito. Sabe me explicar o ocorrido?

O amigo, já esperando por aquele questionamento, com semblante seguro, esclareceu:

– Querida jovem, vou tirar algumas de suas dúvidas, embora consciente da minha pequena experiência de espírito desencarnado e que ainda desconhece as mais preciosas lições de nosso Eterno Pai.

O que houve com você não foi um simples sonho, como costumamos chamar esse fenômeno na Terra, mas sim uma espécie de transporte *perispiritual*, isto é, mesmo fora do envólucro de carne, que nos sustenta na matéria densa da Terra, temos um corpo semimaterial, denominado *perispírito*, ou seja, um "corpo" mais etéreo do que o carnal, mas não tão puro como o dos espíritos mais iluminados e evoluídos. Quando precisamos, temos a possibilidade, com a ajuda de especialistas, de sair desse corpo perispiritual para nos transportarmos para outros lugares, como aconteceu com você. Tendo em vista a sua condição de recém-desencarnada, ainda não é possível lhe revelar algumas coisas durante a vigília, pois a sua consciência ainda não está preparada para receber tais informações.

– Mas eu sinto em meu íntimo que algo muito importante será revelado e anseio por esse momento – falou a jovem.

– Joana, Deus é nosso Pai e ninguém além Dele pode determinar o momento certo para alguns acontecimentos. Por enquanto, você poderá ter apenas sinais de uma memória mais remota, porém, tudo lhe será revelado no momento oportuno – complementou o ancião, sorrindo.

Depois de uma curta pausa, o nobre senhor apontou uma singela casa, rodeada de árvores frondosas, localizada em um local calmo e bem verdejante, exclamando, com alegria:

– Joana, veja! Este será seu novo lar. Por enquanto ficará sob a minha guarda, se assim desejar, até que seja determinado o momento de sua mudança. E aí, o que tem a me dizer? – indagou o amigo, solícito.

– Elias, eu estou emocionada. Nunca tive uma família que me amparasse da forma como você me ampara. Claro que aceito o seu convite de pai, que já o considero, pois não sei o que teria sido de mim se não o tivesse encontrado naquele lugar tão ruim... – falou a menina, com os olhos marejados de lágrimas.

– Vamos deixar essas formalidades de lado e, a partir de agora, começar a escrever páginas novas em nosso destino – comentou o elevado guardião.

Entraram na residência. Joana estava encantada com a simplicidade e, ao mesmo tempo, com o conforto de sua nova casa. Cômodos bem-arrumados, móveis de madeira, exatamente iguais aos lares terrestres. No fundo, ela ainda não era capaz de compreender exatamente o que se passara desde o momento em que adoecera até a hora em que se vira perdida naquele lugar ermo.

Como um filme que se desenrolava em sua mente, via o seu destino acontecendo de uma forma que não podia controlar.

Pensou em Heber e sentiu uma pulsação forte em seu coração. Onde estaria o seu amor? O que ele fizera da vida? Teria casado, tido filhos? Será que a esquecera? Como poderia saber?

Queria perguntar a Elias se era possível ao espírito desencarnado ir ter com os seus entes queridos, mas achou melhor se calar. Afinal, o que ele pensaria de sua conduta? Poderia até achar que era ingrata, pois demonstraria estar com vontade de voltar ao plano terrestre, quando tinha a grande oportunidade de recomeçar.

Foi subitamente tirada de seus pensamentos, quando ouviu o chamado de seu tutor:

– Joana, não sente fome? Preparei um caldo energético para nós e, enquanto tomamos a refeição, você poderia me contar mais sobre a sua vida lá na Terra. O que acha?

– Claro, meu amigo! É sempre uma grande satisfação poder abrir meu coração, afinal de contas, sinto que meus sentimentos se represaram e preciso desabafar! Estaria disposto a escutar esta pobre alma?

– Ansioso! – brincou Elias, para descontrair. – Sou todo ouvidos, pode começar!

Joana estava um pouco tímida e começou a narrativa, em tom sério:

– Sempre fui uma garota muito pobre. Desde minha infância, tenho lembranças das brigas que meus pais tinham a todo instante e, quase sempre, tais discussões culminavam em agressões físicas. Cresci revoltada com a situação turbulenta em minha casa, e o meu refúgio era ir à escola. Não tinha muitos amigos, gostava de estudar e, por essa razão, não era muito querida pelos outros alunos, que só pensavam em namorar ou criar brincadeiras de mau gosto.

"Quando eu tinha catorze anos conheci um rapaz muito bom. Ele era um pouco mais velho do que eu, mas éramos muito parecidos. Ele era sonhador e romântico, do jeito que eu sonhava um dia encontrar. Apaixonamo-nos à primeira vista e começamos a nos encontrar com certa frequência. Em um de nossos últimos encontros, ele me propôs casamento. Foi a maior felicidade de minha vida! Não cabia em mim de tanta emoção só em pensar que poderíamos viver juntos, para sempre. Sonhos de menina...

"Todavia, um grande revés nos separou: quando completei quinze anos, fui acometida por um mal súbito, ainda quando estava em sala de aula. Minha mãe foi chamada às pressas, porém já era tarde..."

Após uma pequena pausa, a jovem prosseguiu, emocionada:

– Eu fui vítima da gripe espanhola, doença que matou milhares de pessoas. Com medo da contaminação, meus pais decidiram me abandonar em um abrigo próprio para os doentes, sob os cuidados das abnegadas enfermeiras voluntárias, que se apiedavam dos enfermos abandonados pelas famílias, à mercê da própria sorte. Passei muito mal naquele lugar, com tosse e febre alta, que, malgrado todos os esforços, não cediam. Lembro-me, em meio a delírios, de ter visto pela última vez o meu grande amor, que me endereçou um olhar piedoso, de longe. Creio que ele também temia o contágio, por essa razão não guardo nenhum tipo de ressentimento pela sua atitude em não tentar se aproximar de mim, naquele momento...

O relato da jovem desencarnada era comovente. Suas lágrimas denunciavam seu estado de espírito e a sua tristeza em ter perdido a vida, em tão tenra idade. Nos recônditos de sua alma, procurava explicações que justificassem os acontecimentos tão graves e irreversíveis que experimentara quando encarnada.

Adivinhando-lhe os pensamentos, Elias quebrou o silêncio:

– Joana, não entende o motivo pelo qual foi vítima de tantas adversidades, não é mesmo?

Sensibilizada, ela assentiu com a cabeça.

Esclareceu, assim, o nobre instrutor:

– As verdades de Deus geralmente se escondem sob o véu da transitória ignorância, para que não soframos ainda mais, recordando-nos de nossos débitos passados. Somos todos seres divinos na essência, criados por Ele à sua imagem e semelhança, embora simples e ignorantes. Somos os pintores de nossas próprias telas e escritores de nossa história. Entretanto, não podemos olvidar que todas as nossas ações, boas ou más, retornam em primeiro lugar para nós mesmos, sob a égide da Lei de Ação e Reação. A semente plantada em solo fértil dará lugar a uma colheita inexorável, cujos frutos deverão ser por nós saboreados, mais cedo ou mais tarde. Contudo, como Deus carrega em si somente amor e bondade, por acréscimo de Sua misericórdia, podemos, segundo as nossas obras, atenuar essa colheita, de acordo com a máxima de nosso Mestre Jesus: *O amor cobre uma multidão de pecados.*

Elias refletiu mais um pouco e continuou:

– Sempre nos é concedida oportunidade do reajuste com aqueles que magoamos outrora. Não podemos ficar inertes, esperando que a Justiça Divina proceda com todo o seu rigor, sobre o nosso destino. Cabe a nós o trabalho de reaproximação daqueles com os quais não logramos êxito, para que, mais rápido, alcancemos a perfeição, que é a finalidade de toda a humanidade. Para tanto, necessitamos da ajuda de espíritos designados pelo Pai, os quais, geralmente, atravessam nosso caminho e estendem as suas mãos benfazejas, auxiliando-nos e protegendo. Por tudo isso, minha amiga, eu estou aqui, para ajudá-la em seus primeiros passos rumo à vitória.

Joana estava surpresa. Não sabia que aquele senhor era tão especial e culto. Admirava a maneira com que ele articulava as palavras, demonstrando lucidez e equilíbrio. Ele lhe transmitia uma segurança muito forte e ela já o considerava como se fosse de sua família.

O que a vida lhe reservava daquele momento em diante? Que verdades ela precisava conhecer, para agir de forma renovada no bem?

capítulo três

A vida em família

Heber estava decepcionado com a vida, pois completara cinquenta anos e não realizara nem a metade de seus sonhos. Quando jovem, aspirava desposar Joana, uma garota deslumbrante, de aparência angelical, que lhe conquistara o mais forte dos sentimentos. Com a amada, sentia-se pleno em sua juventude e, ao seu lado, projetou os seus planos de vida longa e feliz.

Conheceram-se na adolescência e enamoraram-se no primeiro encontro. Uma explosão de sentimentos tomou conta de seu âmago, sendo inútil encontrar qualquer tipo de explicação para algo tão intenso e puro.

Joana, até então com seus quinze anos, esbanjava uma beleza exótica: dona de grandes olhos azuis, que lembravam duas pedras de brilhantes e uma pele extremamente macia, recordando os mais requintados tecidos de seda pura.

Encantados pela magia do amor, e envolvidos pela energia dulcificada da ternura, traçaram objetivos em conjunto, sendo o mais importante deles, o tão sonhado enlace matrimonial.

Entretanto, surpreendidos por uma fatalidade inesperada, dessas que na maioria das vezes pega a todos de forma desprevenida, tiveram os seus sonhos jogados ao vento: Joana, gravemente enferma, houvera contraído a gripe espanhola, a qual deixara milhares de vítimas, levando a graciosa debutante para a inevitável desventura.

Amargurado e de coração espatifado, Heber se revoltou, pois acreditava ter sido um castigo dos céus, cujo maior infortúnio não poderia ser pior do que perder seu grande amor para Deus.

Passaram-se alguns anos e Heber sentia a mais amarga desilusão amorosa. Todavia, mesmo desacreditando no amor, ele conhecera Clarice, uma mulher forte, de aparência rústica e que apresentou extrema sensibilidade ao ver aquele homem tão jovem e já desgastado pelos reveses da vida.

Enternecida pelo semblante entristecido do rapaz, ela se apaixonou por ele e, assim, acabou conquistando o seu carinho e a sua confiança. Casaram-se.

Agora, muitos anos depois, Heber trabalhava todas as madrugadas em uma estação ferroviária, cuja atividade se resumia na manutenção e reparação dos trens da cidade. Os seus recursos financeiros eram quase insuficientes para o sustento da prole. Apesar do trabalho árduo, o operário não dispensava um aperitivo alcoólico antes de iniciar o seu labor cotidiano.

A esposa também era bastante atarefada. Além de ter de dividir o seu tempo entre o trabalho fora e dentro do lar, também era mãe dedicada. Seus dois filhos, João, de sete anos de idade e José Vítor, com quinze primaveras, reclamavam cuidados e atenção.

A renda que ela auferia com o seu trabalho de lavadeira, embora módica, era indispensável à família, pois complementava o salário de seu marido, possibilitando o sustento de todos.

Seu maior desejo era dar um pouco mais de luxo aos filhos, devido à simplicidade de sua casa. No entanto, estava ciente de que a sua situação financeira precária a impedia de concretizar esse anseio e, resignada, agradecia sempre a Deus pela bênção do trabalho.

O crepúsculo já era visível quando Heber retornou ao lar. Mesmo sabendo que faltavam apenas algumas horas para o início de seu trabalho, havia passado o dia inteiro na rua, bebendo com os amigos.

Sua esposa, sempre atarefada, rogava-lhe auxílio, mas ele não se importava. Dizia que sua única obrigação de chefe de família era lhes garantir o sustento. E isso era o bastante.

Havia tempos que a sua união com Clarice era frívola. Afinal, quase não se encontravam durante a semana, devido a uma incompatibilidade de horários em suas obrigações. Entretanto, não era apenas o conflito de tempo indisponível que contribuía para a distância do casal, mas, sobretudo, o amor que Heber ainda nutria por Joana.

Muitas vezes ele se pegava tentando decifrar o enigma fatal que cessara de vez com toda a sua esperança de ventura com o seu grande amor; contudo, nunca conseguira chegar a uma conclusão. Fracassado, procurava consolo no álcool e nos chamados "amigos", que quase sempre ficavam reunidos em volta de mesas de bares diversos.

Não acreditava em religião e era ateu. Ia à missa de vez em quando somente para acompanhar a família, principalmente aos domingos pela manhã. Assim pensava que poderia ser perdoado pelos seus pecados, se existisse mesmo um "Deus-Juiz".

Já Clarice se desdobrava em atenções com o marido que, na maioria das vezes, não retribuía seu carinho. Ela se acostumara com o jeito rude de seu companheiro e orava por ele todas as noites, rogando a Deus que o protegesse e o perdoasse, pois ele ainda não era capaz de entender as grandezas da vida e da religião. Zelava pelo seu lar e pelos seus filhos, cuidando de tudo com extrema dedicação e afeto. Também carregava em seu coração as marcas de um passado distante, que se esforçava para esquecer. Quando criança, ela perdera a mãe em tenra idade, e seu pai a abandonara em um orfanato. Lá crescera e aprendera, a duras penas, desde muito cedo, como lutar sozinha pela própria sobrevivência.

No caminho para o trabalho, Heber estava mais sensível do que nos outros dias. Pensava em Joana com frequência e não entendia o motivo de ela dominar de forma tão impetuosa os seus pensamentos. Seu peito estava apertado e seus olhos rasos d'água.

Procurava explicações, afinal de contas, passaram-se muitos anos desde o terrível dia de seu suposto desenlace; mas seus esforços eram todos em vão.

Continuou caminhando, intrigado, procurando reunir respostas às suas infinitas indagações.

Era madrugada. A alvorada ainda estava distante e Heber prosseguia com as suas considerações íntimas. Onde estaria Joana? Sabia que ela tinha adquirido a peste espanhola e, na última vez que teve notícias, agonizava em estado terminal. Sua covardia não o havia deixado constatar o que realmente acontecera de fato. Para ele, a morte dela era presumida, fictícia. No fundo, ainda sentia uma ponta de esperança de encontrá-la viva, em algum lugar do mundo.

Foi subitamente interrompido em suas conjecturas por seu superior hierárquico:

- Heber, precisa ir para a casa. Recebi um telefonema de seu filho, que avisou que a sua esposa está ardendo em febre! Melhor se apressar!

- Senhor, obrigado! Partirei neste instante!

E ávido em seus passos, Heber pressentia que algo ruim estava por vir. Por algum motivo sabia que era necessário correr, antes que o pior pudesse acontecer.

Abriu a porta de casa e deparou com uma cena terrível: Clarice, molhada de suor, delirava palavras desconexas, e seus filhos, desesperados, não conseguiam dar conta de enxugar a fronte da mãe, que demonstrava um profundo abatimento.

Balbuciando com grande esforço algumas palavras, Clarice sussurrou:

- Filhos, seja o que for que aconteça, saiba que os amo. Acho que pude contribuir com exemplos de como viver uma vida digna e honesta, e o meu maior presente é saber que um dia vocês vão se tornar homens de bem.

A enferma não conseguia mais dizer uma só palavra. Olhou para o marido que a contemplava aflito, sem coragem de se aproximar. Um grande arrependimento tomava conta de sua alma, pois sabia que não tinha sido o companheiro que deveria.

Uma mulher tão nobre como sua esposa não merecia ter um fim assim! Foi ficando revoltado, pois tinha a nítida certeza de que estava sendo castigado pela segunda vez, de um modo muito semelhante ao de outrora. Observou os filhos e, por eles, prometeu que lutaria até o fim. Atenderia o último desejo de sua esposa, que era fazer de seus filhos, homens de bem. Assumiu esse compromisso e, arrependido, falou para a enferma:

– Clarice, minha fiel companheira de lutas, saiba que tenho consciência de que não correspondi ao seu afeto como deveria, mas me comprometo a zelar pelos nossos filhos e a fazer deles pessoas dignas. Perdoe-me por não estar à altura de uma mulher tão nobre quanto você!

E, ciente de que seus minutos eram exíguos, a mulher humilde, esboçando extrema dificuldade em reunir forças para responder, murmurou:

– Heber, cuide deles, mas também cuide de si!

Com essas últimas palavras, ela cerrou os olhos carnais, para toda a eternidade.

capítulo quatro

O destino de Heber

ALGUM TEMPO SE PASSOU DEPOIS DA MORTE DE CLARICE. Agora, sozinho com os filhos, Heber se sentia mais responsável pela prole e estava cada vez mais abatido pelas lutas da vida.

Seu filho mais velho, José Vítor, conseguira trabalho de ajudante em uma serralheria e, com o dinheiro que ganhava, custeava suas próprias despesas e ainda ajudava seu irmão mais novo, João, com vestuário, remédios, comida e outras coisas indispensáveis para a sobrevivência.

Heber, cada vez mais atordoado, comprometia-se com a bebida alcoólica. No sabor amargo do álcool, justificava encontrar a "paz", como dizia aos filhos. Já não ia mais ao trabalho como antigamente e deixou de lado o convívio social com a família.

Algum tempo se passou e José Vítor, agora casado, era arquiteto e conseguira pagar a sua faculdade com o suor de seu próprio esforço. João, adolescente, seguia pelo mesmo caminho, trabalhando e estudando, para garantir um futuro glorioso, como o do irmão.

Ambos, contudo, lamentavam a vida do pai. Derrubado pelo vício, Heber já não conseguia mais se levantar da cama. Completamente entregue ao desânimo, apenas aguardava a morte chegar. Não sentia mais prazer em viver, pois queixas e reclamações faziam parte de seu cotidiano. Na verdade, apenas vivia de recordações de fatos que nunca aconteceram, mas que sempre desejou.

Voltou, por meio de seu pensamento, algum tempo atrás, quando se apaixonou por Joana. Onde estaria aquela jovem que fez seu coração pulsar mais forte? O que teria acontecido se ele a tivesse ajudasse a recuperar a saúde, em vez de se afastar, temendo o próprio contágio pela doença pestilenta?

Como ele fora covarde! No momento em que sua amada mais precisou, ele deu as costas ao seu sofrimento. De fato, era merecedor do destino que teve, ou melhor, que escolhera para si. Concluiu que nem o amor de sua esposa Clarice deveria ter encontrado, pois nunca fora digno da ternura e da confiança que ela lhe depositara no leito de sua morte, quando confiara a ele a guarda e o bem-estar de seus amados filhos.

Se existisse mesmo essa história de que os "mortos" podem observar os vivos, ficaria com vergonha da esposa, se ela o visse daquela maneira; sentia pena de si mesmo. Estava acabado e sem esperanças. Não queria mais viver.

Perdido nesses pensamentos ruins, Heber adormeceu. Começou então a sentir que a sua mente lhe remetia a um passado longínquo e constatou que, sem saber como, estava diante de uma grande fortaleza, rodeada por soldados, que vestiam armaduras antigas.

Esses homens estranhos gritavam um certo nome, demonstrando orgulho. Percebeu ainda que estava, fisicamente, dentro de uma torre. Tentou gritar, falar, mas notou que um homem, que parecia ser ele próprio, não podia vê-lo, tampouco ouvi-lo, causando-lhe um grande temor!

Esse homem, que se chamava Brutus, parecia dotado de muito poder e prestígio. Preparava-se para uma grande batalha e demonstrava ser destemido e valente. Suas vestes, de ouro puro, denotavam a sua provável riqueza. Célere, montou em seu cavalo e começou a galopar.

Heber, ainda atônito, não entendia como conseguia acompanhar aquela cena, mas, mesmo dominado pelo medo, continuava a observar.

Viu que Brutus parou diante de um enorme castelo, com portões altos, guardados por muitos soldados. Bastou um olhar para que os grandes portões se abrissem. Naquele instante, trombetas soaram alto, enquanto bandeiras foram hasteadas.

– Salvem o futuro rei, salvem o futuro rei – diziam vozes perdidas na multidão.

– Abram passagem, o nobre cavaleiro está se aproximando – falava um outro súdito.

Heber, meio tonto, não conseguia entender como conseguia acompanhar a cena e, ao mesmo tempo, saber o que aquele homem estranho ia fazer, pois de um jeito totalmente inexplicável, sentia como se ele mesmo estivesse naquele cavalo, com todas aquelas pessoas. Passado um tempo, avistou uma donzela no alto do castelo.

Mesmo de longe, reconheceria aquele rosto em qualquer lugar. Seria Joana?

– Joana, Joana – bradou Heber. Subitamente foi sacudido pelo filho João, que o despertara para mais um dia, naquela manhã de sol.

Aterrorizado com a experiência vivida, Heber acreditou que tudo não passara de mais um devaneio promovido pelo excesso de álcool.

Mais alguns anos se passaram na Terra e Heber já não gozava de plena saúde. A bebida alcoólica já havia sugado as energias vitais de seus órgãos e a cirrose hepática já lhe tomava o fígado.

Seus filhos já não lhe dispensavam tantos cuidados e ele, em vão, tentava manter algum resquício de forças.

Pressentindo que a sua vida se despedia, célere, reuniu os rapazes e os advertiu:

– Filhos queridos, não se entristeçam por mim. Fui omisso e relapso na educação de vocês e, não fosse por sua mãe, tenho certeza de que jamais teriam esse caráter reto e honesto que tanto me orgulha e alegra. Quero pedir-lhes perdão por tudo o que deixei de fazer e de exemplificar. É lamentável darmos conta de nossos erros e faltas no momento em que temos certeza de que não dispomos de mais tempo para retificar certas atitudes.

Parou por um momento e, com mais dificuldade, prosseguiu:

– Não gostaria de vê-los desanimados. Ao contrário, vai me alegrar muito saber que lograram êxito nos objetivos que determinaram, pois é assim que deve ser. A vida segue o seu curso e não devemos nunca nos deixar abater pelas adversidades; afinal, a morte faz parte da vida...

Sem deixar que o pai terminasse, José Vítor, comovido, implorou:

– Papai, por favor, não nos deixe! Ainda precisamos muito de sua companhia, de seu afeto! Não fale mais nada, deve descansar para economizar energias!

Heber, desgastado pela precariedade de sua saúde, retrucou em tom sereno:

– Agora é tarde. Sinto que meu tempo se esgota. Embora eu nunca tenha realmente acreditado, penso que a única coisa a fazer seja confiarmos em Deus, meus filhos. É para Ele que eu os entrego neste momento...

Antes que ele pudesse prosseguir, sentiu uma intensa dor abdominal e, assim, se tornou uma vítima fatal da enfermidade que ele mesmo provocara.

Decorrido certo lapso temporal de sua crise, Heber sentiu que as dores ainda o incomodavam, mas já conseguia abrir os olhos. Percebeu que, apesar de seu estado instável, ainda mantinha a consciência de tudo. Tentou chamar pelos filhos, mas foi em vão.

Olhou ao seu redor e notou que estava em um lugar diferente de seu lar. Começou a concatenar alguns pensamentos:

"Como vim parar aqui? Onde estão os meus meninos? Não consigo me mexer direito, não creio que vim para cá sozinho! Está tudo muito estranho e confuso!"

Antes que pudesse chegar a qualquer conclusão, avistou duas pessoas que o observavam, misteriosas. Percebendo a presença daqueles estranhos, indagou:

– Por favor, um de vocês dois poderia me dizer onde estou? Que tipo de lugar é este?

As entidades riram sarcasticamente e uma delas respondeu, em tom jocoso:

- Ora, ora! Acaso não sabe que lugar é este? Já ouviu falar em inferno?

- Não compreendo o que diz, menos ainda o motivo da brincadeira - disse Heber.

- Pois então terei o prazer de lhe explicar o que aconteceu - retrucou a entidade. - Você está em um lugar onde ninguém poderá encontrá-lo! Está sob o nosso poder!

O enfermo sentiu seu coração congelar e suas pernas tremerem. Não podia entender por que aquelas pessoas teriam interesse em sequestrar alguém pobre e doente como ele. Temendo pelos filhos, falou suplicante:

- Por favor, façam o que quiserem comigo, mas não machuquem meus filhos!

A abominável entidade respondeu sarcasticamente:

- Heber, meu velho, fique tranquilo. Não temos nenhum interesse em pegar os seus filhos. Nosso único objetivo já foi conquistado: você!

- E por que tanto interesse em um homem pobre e doente? Já estou à beira da morte, o que poderia ser pior?

A outra pessoa, que se mantivera quieta, resolveu manifestar-se e, dirigindo-se diretamente ao prisioneiro, ordenou:

– Cale-se! Falou além do que podia! Basta de indagações! Agora chegou a nossa hora de mandar, e o seu único dever é obedecer!

Heber sentiu medo. O tom daquele infeliz provocou terror aos seus ouvidos. Percebeu que o caso era mais sério do que imaginara e achou melhor obedecer. Ainda sentia náuseas em razão da doença e sua cabeça fervilhava de indagações.

"O que estaria acontecendo? Como ele fora parar naquele lugar, em poder daquelas pessoas terríveis? Não tinha inimigos, pelo menos não tão sérios a ponto de quererem lhe fazer algum mal! Não havia mais ninguém além deles e agora estava entregue à própria sorte! O que fazer doravante?"

Lembrou-se de que quando criança sua mãe lhe ensinara a rezar quando sentisse medo. E foi o que ele fez. Em pensamento, suplicou aos céus alguma ajuda, mas lembrou que se esquecera da maneira de orar, pois nunca acreditara realmente em Deus! Concluiu que era melhor deixar as coisas acontecerem e esperar.

Quebrando o silêncio, um dos algozes falou:

– Vamos levá-lo ao chefe. Ele ficará satisfeito em saber que cumprimos a nossa missão de forma indefectível! Ele se orgulhará de nos ter em sua equipe!

O outro comparsa sorriu e dirigiu um olhar provocador ao homem prisioneiro, obrigando-o a se levantar do chão e seguir com eles.

Heber estava aterrorizado! Não reconhecia aquele lugar tão escuro e pavoroso. Olhava ao redor e escutava gritos, gemidos, mas não via as pessoas. O que avistava eram somente sombra e chuva. Morrendo de fome e de sede, sentia que as suas últimas forças esvaíam-se e, totalmente fraco, caiu.

Uma das entidades se irritou e bradou:

– Levante-se, criatura fraca! Se cair mais uma vez será esbofeteado até se levantar! Onde está o homem forte e corajoso de outrora? Como pode ter virado este traste de hoje? Quem diria que um dia eu olharia para você de forma superior, como agora?

Após a ofensa, deixou escapar intensa gargalhada.

Heber se sentia humilhado e inerte. Não sabia quanto tempo permaneceria sob a guarda daqueles seres infelizes. O seu único desejo era chegar ao destino logo, pois não aguentava mais caminhar na penumbra daquele vilarejo sombrio.

Entraram em uma espécie de fortaleza. Um dos homens se fez anunciar, e uma grande cancela, devidamente vigiada por sentinelas mal-encaradas, abriu-se. Conseguiu visualizar uma multidão de seres estranhos, encapuzados e perversos. Sentia que algo de muito ruim estava para acontecer, mas permanecia calado.

Logo que ingressaram na fortaleza, um homem grosseiro veio recebê-los, perguntando aos algozes:

- Vocês trouxeram a "encomenda"? Félix ficará furioso se souber que falharam!

- Nossa missão está cumprida - disse uma das criaturas - agora é só entregá-lo a quem de direito!

Um som de tambores ecoou no recinto, anunciando a chegada de alguém importante e aguardado. Heber pôde avistar um homem de estatura alta, barbas compridas, roupas medievais, que lembrava muito os guerreiros das histórias das cruzadas de séculos passados. A sua aparição causou alvoroço no grupo, que foi logo quebrado pela voz imponente da estranha criatura:

- Companheiros de ideal, hoje é um dia muito especial para todos nós! Como sabem, designei dois soldados para uma missão de resgate que logrou o êxito esperado! Em nossa presença está o maior algoz de todos os tempos: Brutus Salomão, o grande Imperador!

Após um grito coletivo das criaturas, o líder continuou seu discurso com ironia:

- É uma grande honra para todos nós recebermos uma personalidade tão importante! Este momento foi aguardado de forma especial. Finalmente, poderemos nos vingar deste detestável ser!

Heber não estava entendendo nada. A única coisa evidente é que todas aquelas criaturas, inclusive o líder, odiavam-no por motivos que ele ignorava. Estava convicto de que havia sido confundido com alguém; afinal, seu nome não era Brutus Salomão, que aparentemente era o homem desejado e detestado pelo povo. Estava apenas aguardando o momento mais apropriado de contar aos dois rapazes que o sequestro não passara de um terrível engano.

capítulo cinco

Lembranças vivas

Joana, após o diálogo proveitoso que tivera com seu guardião, adormecera na rede que ficava na sacada. Podia sentir bater em seu rosto a brisa suave do vento e ouvir o cantarolar das aves que ali pousavam.

Novamente seu corpo se levantou involuntariamente e ela percebeu que estava saindo lentamente do lugar. Logo adiante, para sua surpresa, encontrou o bom Elias, que, com a destra estendida, convidava a jovem a acompanhá-lo.

Joana, agora mais confiante, tinha plena consciência do que ocorria e seguia o nobre instrutor. Na velocidade do pensamento, ainda sem saber explicar como, deparou novamente com a sala de TV, local onde estivera anteriormente, e indagou:

– Querido benfeitor, acaso verei mais cenas de meu passado?

O amigo Elias lhe dirigiu a palavra esclarecendo:

– Joana, você apenas verá o que o Nosso Pai autorizar para sua melhoria. Peço, humildemente, que domine as emoções que lhe assaltarem a alma, para que tenha um proveito total deste trabalho tão importante que estamos desenvolvendo. Tem uma missão, minha filha, e estamos todos juntos a fim de obtermos o êxito aguardado e o auxílio para os nossos irmãos, que hoje se encontram perdidos nos caminhos espinhosos do orgulho e da violência.

A bela jovem sentiu um leve torpor e pediu para se sentar na poltrona, que ficava diante da tela do aparelho. Elias assentiu com a cabeça, e a equipe espiritual, especializada em trabalhos daquele tipo, iniciou a tarefa.

As imagens, assim como em uma sessão de cinema terrestre, começaram a se projetar na tela e Joana viu-se novamente protagonizando o seu "filme". Embora seu corpo físico fosse diferente, sabia que a alma da "atriz principal" era idêntica à sua.

Notou que as imagens ficavam cada vez mais nítidas e a cena começava a se desenhar diante de seus olhos.

Viu quando uma nobre moça, trancada em seus aposentos, um pouco calada e contrariada, queixava-se com a sua serva confidente:

– Ana, eu estou muito irritada hoje! Você acredita que Brutus, aquele infeliz, resolveu adiar o nosso casamento mais uma vez? Meus pais estão furiosos com essa conduta e quase não aceitam mais a nossa união. As pessoas falam de minha honra feminina dizendo que nessas lutas que ele trava, tem sempre uma camponesa plebeia e interesseira em seus braços! Eu não iria suportar a ideia de uma traição! Ele não viveria para isso, pois eu acabaria com esse traidor antes!

Ana, sempre ponderada, tratou de acalmar Cristal com suas doces palavras:

– Nobre senhora, como o nosso corajoso senhor deixaria de se casar com uma dama tão bela? Não dê crédito ao que o povo fala! O que eles sentem é ciúme, pois você é a mais bela mulher de todo o reino! Além disso, tem como noivo o homem mais valente e forte de todos os guerreiros! Ele a ama, mas é muito ocupado para vir vê-la tão assiduamente! Tenha mais paciência e logo será a rainha Salomão, a mulher mais respeitada e invejada de todos os tempos!

– Ora, Ana, só você mesmo para me acalmar! Escuta o barulho de cavalos? Será que é ele quem chega ao meu encontro?

Antes que a serva pudesse confirmar, o cavaleiro entrou no pátio do palácio e gritou:

– Cristal, minha amada, apareça na sacada de seu quarto! Hoje conquistei mais uma vila e fiz mais escravos para o comércio! Quero lhe falar sobre a minha última conquista e sobre a data de nosso matrimônio! Desça agora, espero-a na sala principal!

Cristal não se continha de alegria! Pegou o seu casaco e desceu as escadas do palácio, aceleradamente, para ir ao encontro do amado! Assim que se viram, abraçaram-se, e ele lhe falou:

– Amada, já estive com os seus pais, o nobre rei e a rainha, e eles concordaram que o nosso casamento seja marcado para daqui a um ano. Prepare o seu vestido e todas as pompas que um casamento da realeza deve ter! Não aguento mais de ansiedade para tê-la definitivamente em meus braços!

– Brutus, meu amor! Mas devo mesmo acreditar em você? Não vai adiar novamente nosso casamento? Tenho tanto medo...

– Cristal, confie em mim, tem a palavra valiosa do guerreiro mais forte de todo este reino!

A princesa não cabia em si de tanta felicidade. Seu coração saltava dentro do peito, sentia-se a mulher mais feliz do mundo. Entretanto, não poderia prever que, em seu próprio lar, havia alguém que a detestava e a invejava, mais do que a qualquer pessoa: sua própria irmã!

Claudette era uma mulher amarga e solitária. Era a mais nova e, por essa razão, o trono não lhe pertenceria, pois seria ocupado por sua irmã. Acreditava que todos tinham preferência por Cristal, pois ela era a mais bela e a mais doce da família real, embora dona de um temperamento exigente, mas que, no fundo, denotava certa doçura e ingenuidade.

A felicidade da irmã a incomodava sobremaneira. Era apaixonada por Brutus e o desejava muito mais do que podia imaginar.

Não era uma mulher bela, mas tinha certo charme o que chamava a atenção do futuro cunhado.

Ouvira a conversa e sabia que teria um ano para acabar com aquele casamento, que não desejava que acontecesse. Mas o que fazer? Muitas indagações fervilhavam em sua mente doente. Precisaria de ajuda, mas quem aceitaria tal encargo? Concluiu que deveria se aproximar mais da criada de Cristal, com o fito de obter mais algumas informações sobre Brutus.

Claudette aguardou todos se recolherem no palácio e, discretamente, bateu à porta dos aposentos de Ana, que estava fazendo suas orações. Com o barulho, a serva se assustou e aproximou-se da porta. Foi quando ouviu os sussurros da outra patroa:

– Ana, já está dormindo? Poderia abrir a porta? Preciso falar com você! É sobre Cristal!

Um barulho se fez e a criada abriu a porta, assustada:

- O que foi, senhora Claudette? O que houve com Cristal? Acabei de deixá-la em seus aposentos, pronta para se recolher!

- Pois bem, Ana, eu acho que minha querida irmã está sendo enganada! Ouvi dizer por aí que Brutus tem outra namorada, que está esperando um filho dele. Por essa razão ele resolveu se casar tão rápido com Cristal, para se livrar do problema que arrumou - mentiu, desvairadamente, a irmã invejosa.

- Senhora, o que diz é muito sério! Cristal ficaria arrasada e furiosa se soubesse dessa crueldade!

- Por esse motivo a procurei, escrava! Para que possa me dizer o paradeiro desse traidor, a fim de que eu defenda a honra de minha irmã, tirando essa história a limpo! Eu falarei com Brutus, antes que tal disparate chegue aos ouvidos de Cristal! Fico com o coração em pedaços só de pensar o quanto minha querida irmã sofreria com essa situação, entendeu?

O tom usado por Claudette era irônico e inescrupuloso. Estava exultante só de lembrar do homem que fazia seu corpo tremer de emoção.

Foi quando rematou:

- Vamos, serva, sei que minha irmã iria odiá-la se soubesse que me contou onde está o homem de sua vida, mas não vê que é uma situação de emergência? Por acaso não vislumbra a felicidade de Cristal? Não é fiel a ela?

Ana, hesitante, balbuciou um pouco, mas revelou:

– Senhora, espero que não conte a Cristal que fui eu quem revelou o paradeiro do sr. Brutus, pois sabe que minha patroa não gosta que nenhuma mulher se aproxime de seu noivo, nem mesmo a senhora. Mas se é para proteger a minha querida princesa, saiba que ouvi quando o sr. Brutus falou que iria para a Vila dos Guerreiros comemorar a sua mais nova conquista e comercializar os novos escravos capturados.

– Ótimo! Saiba que com esta informação conseguiu evitar uma grande tragédia – afirmou Claudette, batendo a porta dos aposentos da serva.

Escolheu um de seus mais belos vestidos, arrumou os cabelos e saiu, escondida, na calada da noite. Montou em seu cavalo e seguiu para a Vila dos Guerreiros. Ansiava ver o amado, ter com ele uma das mais belas noites de amor.

Por outro lado, a nobre e fiel serva estava um pouco assustada. Sabia da inveja que Claudette sentia de Cristal e que, infelizmente, a relação das irmãs não era das mais confiáveis. Mas, ao mesmo tempo, acreditou na história que Claudette lhe contara, pois ela não seria capaz de bater em seus aposentos àquela hora da noite, se não fosse por algo muito grave. Afinal, por mais competição que existisse entre ambas, ela acreditava que Claudette era incapaz de prejudicar a felicidade de Cristal.

As imagens se apagaram da tela. Joana estava exausta e sentia que, de uma forma inexplicável, sabia o fim daquela história. Foi quando o bondoso Elias interveio:

– Minha filha, a sessão de hoje foi um sucesso! Creio que agora está preparada para relembrar o seu passado sem o auxílio da imagem projetada no vídeo. Adquiriu total consciência de seu estado d'alma e é merecedora de tal dádiva. Daqui em diante, é só fazer alguns exercícios que poderá se recordar sozinha de sua vida passada. Podemos ir embora.

Em alguns segundos, Joana sentiu que acordara. Ainda tinha as fortes impressões das imagens que avistara. Reconhecia aquela mulher, mas não conseguia se lembrar de onde. Estava começando a entender que a vida era uma sucessão de acontecimentos e dimensões. Precisava conversar com Elias para esclarecer algumas dúvidas.

capítulo seis

O INFERNO É CRIAÇÃO DO HOMEM

HEBER NÃO CONSEGUIA MAIS SE CONTER DE ANSIEDADE E terror. Que lugar era aquele? Não reconhecia semelhante local em parte alguma! Certo do engano que ocorrera, chamou um dos dois capangas e falou:

– Ei, esse tal de Brutus Salomão que procuram não sou eu! Meu nome é Heber e não conheço a pessoa que querem capturar! Sinto muito ter de dizer que falharam na missão delegada, mas infelizmente não sou quem desejam...

Antes que pudesse concluir, escutou uma explosão de gargalhadas do algoz, que disse cinicamente:

– Ora, ora! Então me diz que não é o homem que procuro? Que pena, meu amigo! Estava quase certo de que tinha concluído minha tarefa com êxito!

Agora terei de dizer ao meu chefe que errei o alvo! Faz-me rir, seu inútil! Mesmo disfarçado, eu iria reconhecê-lo em qualquer lugar deste mundo!

- Mas não compreendo - aludiu o prisioneiro -, por que me odeiam tanto assim? A princípio acreditei se tratar de um sequestro, em troca de vantagem financeira, mas agora, vejo que a questão é pessoal! O que querem de um homem cansado e doente? O que posso lhes oferecer de tão precioso que já não possuem?

- Vejo que a sua inteligência não se perdeu, Brutus! - exclamou o capanga. - Não vai me convencer de que fiz a coisa errada. Minha tarefa era trazê-lo até aqui, e o fiz. Não quero mais conversar com você. Logo Félix virá ao seu encontro e terá a resposta para suas indagações!

Heber estava desesperado. Não tinha controle algum sobre a situação em que estava. Suas mãos e pés tinham sido amarrados com cordas muito fortes e ele não tinha como se mexer. Gritava, mas a algazarra daquelas pessoas lhe abafava a voz. Não tinha a quem recorrer. Passados alguns instantes, ouviu novamente o barulho do bumbo e verificou que as criaturas, aos poucos, começavam a se retirar, olhando-o com severidade e ódio. Percebeu que era reconhecido, embora não conhecesse ninguém. Foi colocado em uma sala fechada e, agora, estava solitário, uma vez que o capanga havia se retirado.

Ouviu alguns passos e o barulho da porta a se abrir. Estava sentado, cabisbaixo, quando escutou um brado, horripilante, vindo em sua direção:

– Brutus Salomão, Rei dos Guerreiros! Devo me ajoelhar aos seus "nobres" pés? Vai me obrigar a fazer a reverência?

Heber fixou os olhos naquela criatura exótica: um homem de estatura alta, barbas longas, estilo cavaleiro medieval, tinha os braços fortes e o corpo musculoso. Notou que os seus olhos, apagados, não demonstravam nenhum tipo de sentimento. Suas palavras foram ditas em tom irônico e sarcástico, como todos os que se dirigiam a ele utilizavam. Pensou na atitude mais apropriada e resolveu se dirigir ao "chefe" daquela "tribo" estranha, do modo que achou mais adequado:

– Senhor Félix, creio ser este o seu nome, não é? Gostaria que me esclarecesse o motivo de minha presença neste lugar. Pelo que percebi, sou muito aguardado aqui, as pessoas me odeiam e me conhecem, e eu, sinceramente, não estou compreendendo. Sinto que também não gosta de mim, mas antes de me fazer qualquer mal, eu gostaria apenas que me explicasse os motivos...

– Cale a boca! – gritou o homem, feroz. – Não tem o direito de me fazer qualquer tipo de questionamento! Eu era o dono daquela vila que, com tanto orgulho, conquistei com sangue! Minhas mulheres e crianças foram mortas, escravizadas e separadas de seus maridos, que também tiveram o mesmo destino. Agora quer saber por que está aqui? Vou refrescar a sua memória, demonstrando tudo de ruim que fez a mim e a todos os que aqui hoje residem!

Heber estava assombrado. A que vila aquela criatura demoníaca estava se referindo? Não era possível que continuasse sendo confundido com alguém tão cruel! Precisava esclarecer a situação antes que fosse tarde demais. Contudo, sem que conseguisse terminar o seu raciocínio, ouviu alguém se aproximar e dizer:

– Chefe, a sala está pronta. Pode trazer o prisioneiro, se assim o desejar.

– Obrigado, Lutero, eu levarei Brutus até lá – disse o algoz.

E, demonstrando todo o ódio e rancor que sentia pelo pobre infeliz prisioneiro, Félix ordenou:

– Brutus, siga-me! Creio que agora todas as suas dúvidas serão dirimidas! Verá o filme mais cruel e mais sangrento de sua vida!

Heber teve os pés desamarrados, levantou-se e, acompanhado de seu algoz, chegou a uma sala montada com aparelhos de televisão. Foi obrigado a se sentar no chão frio e molhado e a assistir a cenas de violência. Via um cavaleiro, forte, que obrigava alguns soldados a atacarem uma vila repleta de pessoas aparentemente inocentes e ordenava que eles sequestrassem as crianças pequenas, violentassem as mulheres e queimassem as casas dessas pobres famílias.

Heber estava profundamente impressionado com o que via. Não conseguia crer que aquele matador cruel pudesse ser confundido com ele. Chegara à conclusão de que, ou estava louco, ou diante de um pesadelo sem fim.

Não aguentava mais assistir àquelas cenas de violência e percebeu que um dos homens havia chegado e estava ali parado; provavelmente tinha a incumbência de vigiar-lhe os passos, evitando uma possível fuga.

Vendo que não poderia escapar, fez um gesto a ele, que retribuiu ao aceno. Vendo que obteve resposta, Heber fez várias indagações:

– Ei, rapaz, poderia me auxiliar? Que lugar é este? O que fazem comigo? Por que não me deixam voltar para casa? Sou pobre, não tenho nada, o que querem de mim?

Lutero, o empregado de Félix, relutou em responder às perguntas de Heber, mas, em seu íntimo, fora tocado por algum sentimento que não sabia identificar. Relembrou de sua própria experiência, quando também, assustado, chegou àquele local sem saber o que estava acontecendo e, só depois de muito tempo, constatou que estava "morto" e sem qualquer expectativa de retorno ao antigo lar.

Lutero era um dos empregados mais antigos de Félix. Ele fora um delinquente na Terra e levou uma vida repleta de crimes. Tinha apenas um ser que ele amava: sua mãezinha. De resto, era frio e calculista. Era visto como ótimo empregado. Executava as ordens sempre de modo perfeito. Não nutria nenhum sentimento de piedade por quaisquer de suas vítimas. Félix mandava, ele obedecia. Assim tinha de ser.

Entretanto, estava um pouco cansado daquela vida. Queria ter liberdade, o que lá era impossível, pois todos os que estavam sob o poder de Félix apenas se libertariam se ele permitisse. E não se recordava de alguém que tivesse conseguido tal prerrogativa. Muito provavelmente ele não seria o primeiro.

De qualquer sorte, algo naquele prisioneiro lhe inspirava confiança e respeito. Imbuído por estes sentimentos, resolveu contar-lhe a verdade:

– O que deseja saber? – indagou o rapaz.

– Pelo amor de Deus, o que está acontecendo? Que lugar é este? Ajude-me! – suplicou o prisioneiro aflito.

Lutero silenciou por alguns instantes e, demonstrando certa superioridade, asseverou:

– O que vou lhe dizer vai chocá-lo, mas é a verdade. Você está morto! Não vive mais na Terra e agora é mais um prisioneiro e escravo de Félix, o dono deste lugar. Ninguém morre, apenas muda de endereço. Sua doença matou seu corpo de carne e agora seu espírito é quem vive. Contudo, como não foi bondoso na Terra, não teve o privilégio de ir com os anjos para o céu - rematou, jocosamente, o criado de Félix.

- Não estou acreditando! Você está brincando comigo! Não sei por que tive a falsa impressão de que poderia me ajudar. Claro que não iria fazê-lo, é empregado de Félix, deve me odiar, assim como ele! Não sei mais o que pensar... Estou perdido! Meu Deus, onde está que não responde? Se eu estou mesmo morto, por que não me recebeu, Clarice? Senhor, ajude-me! Não consigo mais! - bradou, desesperado, o prisioneiro.

Nesse momento, Lutero, que até há pouco zombava de seu suposto inimigo, reconheceu algo familiar naqueles gritos. Não conseguia ainda identificar o que se passava, mas sabia manipular a memória remota e localizar, nos arquivos mentais das pessoas, reminiscências de seu inconsciente[3].

---

3. Allan Kardec, no *O Livro dos Espíritos*, questões 304 a 306, faz algumas indagações ao espírito da Verdade acerca da existência da memória de vidas passadas nos espíritos, notadamente sobre a possibilidade da lembrança de tais vidas pretéritas na erraticidade. Os espíritos respondem, em síntese, que isso é possível, desde que seja algo benéfico para eles e que, com o tempo, aprendem a relembrar

E foi exatamente isso que ele fez com o recém--desencarnado.

Ingressando na memória psíquica do prisioneiro, identificou-o como um rei cavaleiro temido e destemido, que habitava um vilarejo longínquo. Ele liderava as legiões dos guerreiros mais poderosos do seu tempo. Aprofundando-se um pouco mais na leitura do inconsciente do infeliz, notou que com ele havia um servo de extrema confiança, cujo guerreiro lhe confidenciava todas as coisas secretas e obtinha, por retribuição, todo o zelo e o respeito merecidos.

Com essa visão profunda, Lutero ficou surpreso: o servo de confiança de Brutus era... ele?! Não queria acreditar, mas no seu íntimo sabia que era verdade! Isso justificava a certa "piedade" que sentia por aquele ser quando o vira, assustado, implorando por auxílio.

Lutero, curioso, prosseguiu com a vidência e assistiu a uma cena crucial, que fez com que ele

---

tais experiências de forma natural. O espírito André Luiz, no livro *Libertação*, psicografado pelo médium Francisco Cândido Xavier, relata em várias passagens, especialmente no capítulo V, o poder que alguns espíritos que vivem nos planos inferiores têm de manipular fluidos para descobrir as vidas anteriores dos seus obsediados e, além disso, ressalta que esses seres são dotados de extrema inteligência, pois conseguem identificar os pensamentos e memórias de outras criaturas, por meio das próprias vibrações emanadas por elas (NAE).

tomasse a decisão mais importante e mais perigosa de toda a sua existência!

Observou que, em vida passada, ele o rei cavalgavam próximo ao vilarejo, quando um bando de cavaleiros maldosos se aproximou. Brutus, que já sabia que em pouco tempo travaria uma luta, desembainhou a sua espada e se colocou a postos. Seu companheiro, mais distraído, foi surpreendido por um bandido que cravaria a arma em suas costas, se não fosse por Brutus que, num gesto inesperado, colocou o seu braço entre a espada e o corpo do amigo, salvando-lhe a vida! Em consequência, o cavaleiro sofreu um golpe certeiro que quase provocou a amputação do membro atingido.

Diante de tal lembrança, Lutero sentiu, pela primeira vez, extrema gratidão por aquela criatura que estava ali, indefesa, sob o seu poder. Recordou-se de Félix, que só sabia mandar, mas nunca tivera por ele um gesto de amizade. Ele não era como Brutus, agora Heber, que quase morreu para salvar-lhe a vida. Não era certo manter aquele homem em cativeiro, pois devia um favor ao amigo de outrora e não gostava de dívidas. Tinha de dar um jeito de promover a fuga do cativo, sem despertar qualquer suspeita no terrível Félix.

Foi então que, delicadamente, Lutero se dirigiu ao prisioneiro:

– Heber, meu caro, não quis zombar de sua situação precária. Peço que acredite em minhas palavras. Sei que tudo parece uma grande loucura, mas é real. Não está mais na Terra e não tem como voltar. Agora vive uma nova fase. O que Félix fez, admito, foi covardia. Deixou dois empregados de plantão em sua casa, apenas aguardando o seu desenlace para raptá-lo. Félix é extremamente vingativo e cruel e não vai ter pena de você, rapaz! Creio que deve fugir daqui o quanto antes!

Surpreso com a repentina gentileza do algoz, Heber indagou:

– Mas como fazer isso? Há sentinelas por toda parte! Não conheço a saída deste lugar! Jamais conseguiria fugir! Exceto se alguém se dispuser a me ajudar...

– Eu estou disposto – respondeu Lutero –, mas saiba que não será fácil enganar Félix e seus homens! Se falharmos, estaremos condenados à escravidão eterna e às mais horripilantes torturas. Ando cansado desta vida de escravo. Juntos poderemos fugir, porém, cada um deverá buscar o seu próprio destino. Agora é melhor que eu vá embora daqui. Em pouco tempo vou levá-lo novamente ao chefe para que ele não desconfie de nada, e logo mais o encontro no calabouço, onde acertaremos a fuga.

Heber exultou de alegria. Mesmo sem saber como, suas preces tinham sido, finalmente, atendidas. Vislumbrava a incrível possibilidade de se ver livre daqueles homens cruéis e daquele lugar assustador. Mesmo desconhecendo o motivo que fizera com que o vigia atendesse sua rogativa, sabia que somente ele poderia levá-lo para a tão sonhada liberdade.

capítulo sete

Diálogo esclarecedor

Joana procurou Elias pelas dependências da casa. Encontrou o bom velhinho meditando na sala e, quebrando o silêncio, abordou-o sutilmente:

– Nobre amigo, está pensando na vida? Será que poderia me brindar com os seus esclarecimentos benfazejos novamente?

O benfeitor abriu um largo sorriso e respondeu solícito:

– Joana, falar com você é sempre uma grande honra. Fique à vontade para esclarecer todas as dúvidas que assolam o seu coraçãozinho.

A jovem, então, começou a relatar:

– Elias, meu bom instrutor, sei que já faz algum tempo que me recolheu daquele lugar sombrio em que eu dormia, que me explicou muitas coisas sobre a vida em outras dimensões, mas confesso que necessito saber mais sobre tudo isso, pois no meu íntimo sinto que tenho algo pendente, que não consigo identificar exatamente o que pode ser. Cristal, a princesa que aparece nas telas, trata-se de mim mesma em uma outra vida, é isso?

O humilde servidor aquiesceu com a cabeça. Suspirou profundamente e pediu que Joana fechasse os olhos. Depois, solicitou que ela fizesse um exercício com a respiração deixando os pensamentos e preocupações de lado, pensando somente em coisas belas. Vendo que a tutelada já esboçava expressão serena, o abnegado velhinho fez uma prece:

"Pai de Infinita Misericórdia e Justiça, eis uma filha que necessita de amparo e esclarecimentos salutares, que vão lhe proporcionar reparar alguns débitos e seguir sua marcha evolutiva, sem a mácula da consciência perturbada! Querido Amigo, derrame sobre ela a Sua misericórdia, trazendo à tona as lembranças possíveis de serem suportadas por este espírito que, como todos nós, ainda necessita relembrar o passado para dele retirar o aprendizado necessário, que desenhará um futuro glorioso! Que a permissão Maior seja concedida por meio de meu humilde concurso como servidor pequeno e necessitado, que agora roga o auxílio da espiritualidade superior e dos espíritos especializados, a fim de colaborar com esta irmã sofredora. Por fim, agradeço e aguardo autorização para despertá-la do sono da ignorância. Graças a Deus."

No momento em que Elias terminou a prece, uma claridade surgiu e uma entidade, revestida de muita luz, se fez presente. O espírito iluminado pronunciou as seguintes palavras:

– Caro amigo Elias, que bom revê-lo. Foi com grande alegria que recebi a notícia de minha própria designação para colaborar na tarefa de libertação de consciência de nossa irmã Joana. Sabemos que todos os seres foram criados simples e ignorantes por Deus. Cabe a nós decidirmos como serão as nossas escolhas, de acordo com o nosso livre-arbítrio. Entretanto, não podemos olvidar que somos herdeiros de nossas próprias ações e, consequentemente, colheremos o fruto da árvore que plantarmos no jardim da existência. Iniciemos, então, o labor solicitado.

Elias estava emocionado. A entidade que se manifestara, Clara, era muito iluminada e trabalhava em uma colônia espiritual superior e fora da crosta terrestre. Fora ela quem intercedeu pelos préstimos espirituais em favor de Joana, pois havia sido Ana, a serva de Cristal, em vida pretérita. A iluminada entidade estava radiante em poder auxiliar diretamente a assistida, pois, como é sabido, os espíritos evoluídos são os que mais trabalham na seara bendita de nosso Mestre Jesus.

Clara começou a pronunciar uma oração em voz baixa, sussurrando nos ouvidos de Joana, que estava em transe.

Após alguns minutos, a jovem despertou assustada, olhou ao seu redor e exclamou, demonstrando desespero:

– Onde estou? Quem são vocês? Cadê o meu quarto? Ana, Ana! Onde está? Será que dormi tanto assim? Alguém me ajude, por favor!

Clara, aos poucos se transfigurou e, lentamente, foi tomando a forma da ex-escrava da princesa Cristal, para que ela pudesse se acalmar e, aos poucos, relembrar de seu passado remoto[4].

Joana, agora como Cristal, crendo estar diante de Ana, aduz, temerosa:

– Ana, eu realmente fiz aquilo? Precisamos contar a verdade! Não aguento conviver com essa culpa em meu coração, porém, creio que não tive escolha! Claudette me traiu, mas não merecia a morte! Não do jeito que foi...

Clara, então como Ana, indagou:

---

4. Importante esclarecer que nem todos os irmãos que desencarnam têm a faculdade ou a oportunidade de relembrar acontecimentos pretéritos. A cada um é dado segundo suas obras, conforme dito por Jesus. Isso equivale a afirmar que o tratamento terapêutico ministrado a cada espírito varia de acordo com o seu grau de conhecimento e com o seu merecimento (NAE).

– Cristal, a que verdade se refere? O que temos de contar e a quem? Claudette morreu, mas por que tanta angústia? Não estou entendendo os motivos de seu desespero. Afinal, o que ocorreu naquela noite?

A princesa, encorajada pelas palavras da amiga, começou a relatar os fatos que vinham em sua memória:

– Lembro-me quando Brutus foi ao palácio anunciar o nosso casamento. Ele havia falado com os meus pais para acertamos todos os preparativos dentro de um ano. Exultei de felicidade e logo quis contar as boas-novas a Claudette. Todavia, procurei-a por todos os aposentos e não a encontrei. Já era tarde e resolvi me recolher. Contudo, logo que o dia amanheceu, ela veio ter comigo e, naquele instante, percebi que algo muito errado estava acontecendo. Claudette estava com um ar misterioso e angustiado. Não queria me dizer o que a afligia, mas eu não sosseguei enquanto ela não me contou o que era. Ela disse que estava com um "mau pressentimento" e me pediu para tomar cuidado. Depois de ouvi-la, confesso que fiquei cismada, mas logo esqueci o incidente, pois ainda tinha muitos detalhes a acertar.

Joana fez uma pausa, respirou e olhou novamente ao seu redor. Seu coração batia descompassado e, naquele momento, viu, bem diante de seus olhos, sua própria irmã.

Sim, era mesmo Claudette, que fora conduzida até lá por Elias, para que, assim, se estabelecesse uma acareação entre as principais personagens daquela história, possibilitando trazer à tona algumas verdades que se perderam durante toda uma vida, que não durou o suficiente para esclarecê-las.

Por essa razão Jesus, em uma de suas grandes lições, pediu para que nos reconciliássemos com os nossos inimigos enquanto houvesse tempo, pois, com tal atitude, evitaríamos mais dissabores e atrasos em nossa evolução espiritual.

Joana, constatando a presença da irmã de outrora, permaneceu atônita e não conseguia acreditar no que via.

Claudette lá estava, bem à sua frente, contemplando-a, demonstrando muita dor e revolta.

Entretanto, Clara, a benfeitora espiritual, mantinha o inteiro controle da situação e começou a conduzir os trabalhos de forma a edificar os espíritos ali envolvidos, a fim de restabelecer sentimentos como o respeito e a ternura, que foram completamente perdidos, pelas atitudes recíprocas de traição e orgulho.

Assim, Clara começou a falar novamente com a hipnotizada Joana. Ainda estava sob a forma de Ana, a sua reencarnação anterior:

– Cristal, agora tem a chance de relembrar, juntamente com sua irmã, as cenas que marcaram para sempre a vida de todas nós. Embora as lembranças a que me refiro sejam dolorosas, faz-se mister que haja, definitivamente, um esclarecimento sobre a situação a que nos rendemos, objetivando o crescimento e a evolução de todos, como pessoas de bem.

Claudette mantinha-se em silêncio. Ainda não entendia por que estava ali. Não queria permanecer naquele lugar, ao lado de sua maior inimiga. Mesmo sabendo que poderia se libertar da mágoa e do ressentimento que a consumia, preferia ver a sua rival perecer e perturbar-se cada vez mais. Dessa forma, quebrando o silêncio, indagou:

– Ora, Cristal, por que a surpresa? Não sabe ainda o que faz neste local? Acaso não se lembra dos últimos acontecimentos que provocou? Tem algo a me revelar?

Joana estava lívida e a sua palidez refletia o seu estado d'alma. Por mais esforço que fizesse, não conseguia articular uma só palavra.

Percebendo que o encontro entre as duas poderia tornar a situação mais difícil, o amigo Elias intercedeu em tom sério:

– Claudette e Cristal, quero apenas relembrá-las de que ambas se encontram em um grande hospital. O que houve entre vocês foi muito sério e agora necessitam da internação para obterem a cura. No entanto, para que o tratamento seja eficaz, é necessária uma conversa esclarecedora entre vocês. É preciso que digam tudo o que estão sentindo e coloquem para fora qualquer sentimento de dor e angústia, que tanto as consomem. Desabafar é uma terapia infalível, desde que seja realizada de forma elucidativa e respeitosa. Quero saber quem será a primeira a começar a falar.

Um pouco mais calma com as palavras do instrutor, Joana fechou os olhos e retomou o relato que havia sido interrompido:

– Desde aquele momento em que Claudette apareceu com um ar misterioso, fiquei desconfiada, mas preferi calar e pensar apenas em meu casamento com Brutus. E assim fiz. Contratei os melhores criados, adquiri as mais requintadas especiarias e bebidas, para que tudo ficasse do nosso gosto; afinal, eu era uma princesa e ele seria um rei e, por esse motivo, tudo deveria ser fino, mágico e inesquecível! A aliança que se formaria entre os reinos, efetivada por nosso casamento, favoreceria muito a todos, pois meu pai era um grande imperador, porém lhe faltava a força de um guerreiro. Brutus tinha essa força, uma vez que guerreava de modo tão esplêndido, que todos o temiam! A sua imagem era sinônimo de virilidade e seu exemplo, respeitado por todo o nosso povo. Eu sabia que, por meu noivo ser um símbolo de fortaleza, temido pelos mais cruéis inimigos, muitas mulheres se apaixonariam por ele; todavia, eu havia sido eleita como sua futura esposa e não poderia deixar que o ciúme acabasse estragando nossa felicidade.

"Em contrapartida, por ser uma bela princesa que despertava muita inveja nas mulheres, eu tinha consciência de que muitos homens dariam sua vida para obter o consórcio comigo. Mas, mesmo assim, nunca pensei em ser infiel a Brutus, a quem verdadeiramente amava, respeitava e admirava. Enfim, era chegado o dia tão aguardado. Lembro-me como se fosse hoje! As flores magníficas decoravam o salão em tons de vermelho e azul. As louças de porcelana estavam impecáveis, e as taças, cheias de vinho de primeira qualidade, tilintavam entre os milhares de convidados, que se divertiam e se alimentavam de nosso luxo. O meu vestido era maravilhoso: branco, com bordados feitos de seda pura, que contornava, perfeitamente, minha valorosa silhueta. O véu era longo e, na grinalda, estava fixada minha coroa de brilhantes, que eu passaria a usar todos os dias quando me tornasse uma verdadeira rainha.

"Não cabia em mim de tanta felicidade! Na hora aprazada, meu pai, o grande Imperador, tomou os meus braços nos seus, na posição de guarda para, assim que a música começasse, conduzir-me ao encontro de meu amado, entregando-me a ele, para sempre! No exato momento em que os instrumentos tocaram, ingressei no imenso salão do castelo e pude ver o meu noivo me esperando, vestido elegantemente, com os olhos vangloriosos e emocionados.

"Fui me aproximando do altar e, quando lá cheguei, meu pai o cumprimentou e me deixou ao seu lado. Contudo, algo terrível aconteceu..."

Joana, ainda em transe, estava banhada em lágrimas e suor. Não respirava mais direito e estava demasiadamente cansada. Clara, percebendo o breve desfalecimento, dirigiu-se a ela encorajando-a:

– Cristal, minha amiga, é importante que se recupere e prossiga a narrativa. Esforce-se um pouco mais e logo vai se libertar desse peso e dessa mágoa que tanto lhe atormentam o espírito. Acredite que agora é o momento crucial para resolver de uma vez a pendência que a liga a Claudette. Por favor, tente continuar...

Diante do apelo da amiga, que ainda estava usando a aparência de Ana, a ex-princesa recobrou o pouco de forças que ainda lhe restavam e prosseguiu um tanto vacilante:

– Um grito se fez ouvir por todos! Era uma mulher, aparentemente plebeia, que estava desesperada. Trazia consigo uma criança recém-nascida nos braços, chorava e soluçava, alegando que Brutus não poderia contrair matrimônio, pois já era casado e tinha família. Meu pai, imediatamente, pediu à guarda real que a mandasse para a prisão, pois jamais uma camponesa poderia entrar em uma cerimônia da nobreza e dizer blasfêmias, ainda mais acusando um futuro rei, no dia de seu casamento! Diante da atitude de meu pai, que acabou separando a mulher de seu filhinho, tive ímpetos de implorar para que reconsiderasse a ordem cruel, mas meu orgulho ferido de mulher falou mais alto e eu ignorei o fato, consumando o meu casamento com Brutus, que, diante da cena lamentável, permaneceu calado.

Joana fez uma pausa, dirigiu-se à irmã, que acompanhava tudo calada, e indagou:

– Claudette, eu creio que você seja a pessoa ideal para me explicar o que realmente ocorreu naquele momento, pois não consigo me lembrar.

Ela, com um olhar misterioso, respondeu indiferente:

– Sinceramente eu não sei o que ainda faço aqui. Não me traz nenhuma coisa boa este tipo de situação. Não tenho nada para falar. Ao contrário, é você quem deve estar arrependida por tudo o que fez comigo e que precisa pedir desculpas a mim.

Clara, percebendo que o coração de Claudette ainda estava tomado de rancor e de fel, lançou um olhar para Elias e considerou:

– Meninas, talvez seja mais prudente pararmos por aqui. Não temos o poder de mandar ou de exigir qualquer tipo de conduta de vocês. O tratamento espiritual só é benéfico se for desejado pelo enfermo; do contrário, aqueles que torcem pela recuperação dos seus devem manter acesas as luzes da esperança e da prece, rogando aos céus que possam despertar as criaturas da sombra da ignorância.

Jesus disse: *Batei à porta e abrir-se-vos-á*. E foi o que aconteceu. Uma de vocês "bateu à porta" de Deus por meio da oração e Ele nos enviou, atendendo ao chamado. Todavia, se ainda não estão preparadas para se livrarem de sentimentos prejudiciais, como a mágoa, não vamos insistir. Assim que possível, voltaremos a nos reunir e, quem sabe, concluiremos este trabalho de reajuste, pois a misericórdia do Senhor é infinita, assim como o Seu amor e Sua bondade.

Joana estava desacordada e Claudette pediu que a levassem de volta ao local onde desejava permanecer. E, assim, Clara, a nobre benfeitora, foi, aos poucos, transfigurando-se novamente. Aproveitando o ensejo, advertiu o amigo Elias:

– Querido amigo, foi muito nobre a sua atitude, mas percebemos que infelizmente ainda não é o momento de reunirmos as duas irmãs. Joana está mais preparada e receptiva; já Claudette ainda vive os momentos de dor e de sofrimento que experimentou na última existência. O mestre nos ensina que para a nossa prece chegar ao Pai, o nosso coração deve estar livre de qualquer ressentimento ou sentimento ruim e, como se pode notar, esse não é o caso de nossa Claudette. Logo, qualquer trabalho que façamos com ela nesse estado será em vão e pode prejudicar ainda mais a sua relação com Joana. Cuidemos primeiro de quem está em condições e que se libertou de qualquer rancor. Creio que Cristal, agora como a nossa bondosa Joana, está bem assessorada por você e peço que continue ensinando-a a relembrar o passado, pois só assim poderemos ir ao encontro de Brutus que, pelo que sei, já partiu de sua atual encarnação na Terra, mas infelizmente encontra-se sob o poder de seus antigos algozes.

O velhinho concordou com Clara e se comprometeu a avisá-la, assim que fosse possível colocar novamente, frente a frente, as duas irmãs.

capítulo oito

O PLANO

CHEGOU O MOMENTO COMBINADO. HEBER ESTAVA EM SEU calabouço, pensativo. Não conhecia nada nem ninguém e, na verdade, queria muito fugir, mas para onde ir? Se realmente Lutero estivesse falando sério, como poderia estar morto se sentia que estava mais vivo do que nunca? Até da sua doença parecia que já havia se curado! Não conseguia ver sentido nas palavras do empregado de Félix, entretanto, tinha certeza de que algo muito estranho estava acontecendo com ele.

Lutero, por outro lado, teve um leve arrependimento acerca de sua atitude com Heber. Sabia que ajudá-lo em uma fuga seria o mesmo que assinar a própria condenação. Félix jamais iria perdoá-lo e mandaria seus capangas atrás deles até o lugar mais escondido do Universo! Todavia, estava certo de sua decisão. Uniria o útil ao agradável: pagaria a dívida que tinha com Brutus e, ao mesmo tempo, iria se libertar da escravidão a que fora submetido, à sua revelia.

Tinha medo de falhar, porque sabia que Heber não tinha um terço da gana e da determinação de Brutus, como no passado. Para a fuga, ambos precisariam de muita coragem e inteligência. A força física também seria útil, caso fosse necessário travarem uma eventual luta.

Dessa forma, decidiu que hipnotizaria o prisioneiro, com a finalidade de trazer à tona a sua memória adormecida para, então, traçarem um plano de execução da fuga.

Lutero se aproximou do calabouço de Heber em silêncio, procurando não ser visto por ninguém. Chegando lá, encontrou o prisioneiro sonolento, mas atento. Heber, percebendo a presença do capataz, indagou quase murmurando:

– E então, tudo pronto? Já conseguiu saber quando poderemos escapar deste local sombrio?

– Vou precisar do auxílio de Brutus, pois ele sabia muito bem como planejar ataques ao inimigo e sempre saía vitorioso de suas batalhas.

Antes que o empregado pudesse prosseguir, Heber o interrompeu decepcionado:

– Não acredito, Lutero, até você? Disse que ia me ajudar e agora vem com essa história de "Brutus"? Eu já cansei de falar que não conheço essa criatura. Vocês estão me confundindo com esse homem!

Percebendo a contrariedade que dominou o prisioneiro e consciente de que tal ânimo não seria de bom alvitre na hipnose que planejara, Lutero apaziguou a situação, dizendo:

– Heber, eu sei que parece difícil para você entender que temos vidas sucessivas. Para mim também não é nada cômodo revelar essa verdade a você; contudo, se vamos fugir daqui, devemos, no mínimo, confiarmos um no outro. Não quero perturbá-lo com afirmações indignas ou mentirosas; ao contrário, preciso que se recorde sozinho de sua vida pregressa, para assim obtermos maiores chances de êxito em nosso plano de fuga!

Após verificar a reação do cativo às suas considerações, prosseguiu:

– O primeiro passo para você se recordar de sua vida passada é aceitar a sua condição de "morto" para o planeta Terra, mas vivo no plano espiritual, como espírito. A partir daí, terá convicção de que ninguém morre para sempre, mas sim vive em diferentes lugares, conservando as mesmas frustrações, vícios e hábitos que teve quando encarnado na esfera material.

Heber ficou estagnado. Não acreditava que aquele capataz estivesse mentindo. Tinha algo naquele homem que lhe despertava apreço. Receou confiar na pessoa errada, pois estava exausto e até carente de amizades. Mas via-se dominado por Félix. Se não escapasse dali rapidamente, sequer ousava pensar no que poderia lhe acontecer.

Convicto de que a parceria com Lutero era a sua única alternativa para a liberdade, Heber, vencido pelos argumentos do capataz, resolveu aceitar a proposta:

– Lutero, eu não serei mais teimoso. Por mais difícil que seja enfrentar a nova realidade em que me encontro, de alguma sorte, sinto que você é a minha única esperança de liberdade. Diga, o que preciso fazer para auxiliá-lo no plano de fuga?

O serviçal de Félix externou um rápido sorriso e revelou:

– Caro companheiro, vou ensinar-lhe um exercício de regressão. Vou lhe dizer o que deve fazer e terá de me obedecer. Podemos começar?

– Como quiser – respondeu o prisioneiro, com certa desconfiança.

Lutero, seguro do que iria fazer, começou a lhe dar as instruções:

– Respire profundamente e de modo bem lento. Procure deixar os pensamentos fluírem de forma natural, livremente. Aos poucos, comece identificando as imagens que consegue visualizar. Agora, sinta nas profundezas da sua alma, a sua verdadeira identidade.

Assim, Lutero começou a manipular fluidos magnéticos para auxiliar Heber a se recordar mais rapidamente de seu passado.

O prisioneiro começou a pensar. Seus pensamentos desconexos não permitiam ainda nenhuma lembrança. Contudo, aos poucos, identificava pessoas conhecidas e logo se recordou de sua querida Joana. Depois, começou a ver cenas de violência e guerra. Após, percebeu que estava diante de um sonho que tivera quando vivo e pôde observar novamente o homem grandioso e guerreiro que ingressava em um castelo, admirado pela multidão.

Lentamente, o rosto daquele homem ganhava expressão e então Heber começou a identificar-se com aquela figura poderosa. Sentiu uma vibração muito forte de coragem e determinação! Seu coração agora batia com rapidez e, imbuído por uma inexplicável força, teve certeza de que realmente era aquele guerreiro!

Lutero, com a experiência que tinha em fazer regressões, percebendo que Heber já havia se identificado com a sua reencarnação passada, despertou-o:

– Brutus! Rei poderoso e destemido, aqui está o seu servo!

Heber, identificando-se com aquele chamado e reconhecendo a voz do servo fiel de outrora, respondeu, prontamente, sob o efeito da hipnose:

– Lutero, está pronto para receber minhas ordens?

– Sim, grande Rei – respondeu o empregado, exultante.

Heber, agora como Brutus, finalmente acordara. Sob o efeito da hipnose a que Lutero o submetera, e após um rápido esclarecimento prestado pelo servo, acerca da situação em que ambos se encontravam, o ex-cavaleiro começou a desenhar a grande estratégia para a libertação de ambos. Para iniciar o seu plano, solicitou:

– Lutero, providencie urgente um mapa deste lugar. Quero que me indique o local de todas as portas e saídas secretas, assim como as variadas posições das sentinelas e de Félix. Aliás, antes de sairmos daqui, quero acertar as contas com esse infeliz! Ande logo, pois o tempo é curto e o trabalho é grande. Preciso encontrar a minha Cristal!

O capataz sabia que deveria atender à ordem de Heber para conseguir o auxílio desejado. Contudo, estava ciente de que era muito perigoso mantê-lo sob o efeito da hipnose, pois, certamente, o grande "Brutus" não teria controle suficiente para deixar de revidar o que Félix lhe fizera e, tal atitude extrema, acarretaria graves e irremediáveis consequências.

Assim, antes que Heber pudesse prosseguir, Lutero manipulou novamente energias magnéticas e chamou por ele, que parecia acabar de acordar de um sono perturbador:

– Heber, acorde! Pode me ouvir? Sou eu, Lutero.

– Sim, ouço-o! Mas o que ocorreu aqui?

– Lembra-se de que eu lhe disse que faria uma sessão de regressão? Pois o fiz e obtivemos grande êxito. Agora tenho de providenciar o que me pediu para darmos continuidade ao nosso plano – respondeu o capanga, retirando-se imediatamente do recinto, deixando o preso mergulhado em extrema confusão de sentimentos.

Permaneceu estarrecido. Uma terrível dor de cabeça o acometeu, logo após a ausência de Lutero. O que teria acontecido naqueles minutos em que estivera inconsciente?

Não sabia explicar. Estava só e perturbado. Agora sentia que Lutero falava a verdade quando se referia ao seu estado de "morto". Mesmo assim, custava-lhe aceitar tal afirmação, embora considerasse que os últimos acontecimentos foram demasiadamente estranhos.

Estava quase adormecendo quando ouviu um grande estrondo! Assustado, observou ao redor e deparou com o terrível Félix, bem à sua frente, tomado de ódio. Heber empalideceu e temeu que a inesperada visita tivesse sido ocasionada em razão de seus planos secretos de fuga. Será que Félix descobrira tudo? O que ele faria ali, tomado de rancor?

A criatura das trevas, com um sorriso maldoso, disse algumas palavras ao prisioneiro, de modo aterrorizante e irônico:

– Brutus, meu caro amigo! Há quantos anos espero por este momento! Desde que travamos a nossa última batalha sonho com o instante deste acerto de contas!

Ainda se regozija por ter conquistado a sua última vila? Espero que tenha comemorado bastante, pois agora é a sua vez de beber no meu cálice o fel de sua própria maldade!

Heber não estava entendendo nada, mas sentia nas profundezas de sua alma uma grande raiva daquela criatura fria e vingativa, que, enlouquecida, apresentava-se diante de seus olhos.

Félix prosseguia, ainda mais arrogante:

– Mas assim não tem graça nenhuma! Brigar com um maricas feito você! Olha no que se reduziu! Não é nem a sombra do guerreiro de outrora! Quero ver o Brutus, o rei dos guerreiros e não esse trapo que está diante de mim! Vamos, revide! Não vai me ameaçar com a sua espada? O que está esperando? Estou de posse da minha arma e você? Ah, coitado, esqueci que deixou sua espada em seu castelo! Que pena, não terá como se defender de meu golpe mortal!

Félix, com um gesto rápido, desembainhou a espada e ia cravá-la em Heber quando Lutero interrompeu a cena quase trágica, gritando:

– Senhor, Senhor, espere! Por que feri-lo agora? Ele não presta mais para nada, que mérito terá? Você é o grande Senhor, e a sua imagem seria prejudicada se o povo daqui soubesse que agiu como um covarde, cravando sua espada em um ser que não tem como se defender! Lembre-se de que só é respeitado pela sua honra e, se cometer um deslize, poderá causar uma revolta geral nas pessoas que o admiram! Pense nisso, senhor! Não seria melhor aguardar a recuperação do infeliz e convocar um duelo público? O povo aprovaria e se vangloriaria de ter um comandante tão piedoso como o senhor.

Félix permaneceu na posição de ataque, mas parou alguns instantes para refletir nas palavras ponderadas do servo, que considerava o mais fiel e sensato de todos.

Lutero tinha razão. De que valeria golpear o prisioneiro se ele não tinha como se defender? Que mérito teria? Não, era necessário reconsiderar a atitude e seguir o conselho do servo fiel.

Após uma pausa, Félix bradou:

– Lutero! Considerei suas palavras e vou conter o meu ódio por mais algum tempo. Afinal, vingança é um prato que se come frio, não é? Treine o infeliz com a espada e, daqui a uma semana, fica marcado o duelo que decidirá quem é o rei mais importante e valente de todos os tempos!

Heber estava assombrado. Quase fora golpeado covardemente e agora teria de aprender a manejar a espada para lutar com aquela criatura de outro mundo! Mas sentiu certo alívio com a presença de Lutero, que foi primordial para evitar a tragédia, que seria certeira.

Félix retirou-se do calabouço e Lutero lá permaneceu. Quando teve certeza de que o chefe tinha se afastado, sussurrou para Heber:

– Não costumo ser o mocinho e salvar ninguém! Saiba que percebi o que estava acontecendo e vim correndo, antes que algo ruim lhe sucedesse porque temos um plano a executar, que vai me beneficiar diretamente. Não existe entre nós nenhum sentimento de amizade ou consideração, está entendido?

Heber, um pouco decepcionado com as palavras do empregado, respondeu, esboçando certa melancolia:

– Lutero, também não tenho nenhum sentimento sincero por você. Que isso fique claro, já que prefere assim. E, mudando de assunto, indagou:

– Trouxe o que "Brutus" lhe pediu?

– Sim, o mapa está em minhas mãos. Agora temos de sair daqui o quanto antes, principalmente porque conheço Félix e ele realmente marcará o duelo para daqui a uma semana, sem mudar de ideia. Então, temos de agir rápido, senão estaremos perdidos pelo resto de nossa vida!

Lutero deixou o mapa nas mãos do cúmplice e saiu do recinto, evitando ser visto. Heber olhou o material e ficou tentando imaginar a melhor estratégia para sair daquele lugar, mas não conseguia enxergar como faria isso sem que ninguém notasse, afinal, aquele local sombrio estava cheio de vigias perversos que trocavam de turno; logo, seria quase impossível escapar dali.

Cansado de tanto pensar, o então prisioneiro adormeceu profundamente. Começou a sonhar com imagens sem sentido, mas logo reconheceu a figura meiga de sua ex-esposa, Clarice. Ela abria os braços para ele, enquanto dizia algumas palavras:

– Heber, meu amor! Roguemos a Deus a bênção da verdade! Foi grande o meu esforço para que pudesse me aproximar de você! Mas estava com os pensamentos tão enraizados na indiferença, que a minha dificuldade só aumentou. Todavia, hoje parece que mudou sua vibração e posso me fazer perceptível aos seus olhos! Lembra-se de quando eu estava em meu leito de morte e pedi que cuidasse de nossos filhinhos? Pois bem, hoje eles ainda vivem e oram muito por você! Saiba que, corriqueiramente, eles têm pesadelos com a sua imagem, pedindo-lhes socorro e providências! José Vítor e João se dedicaram a estudos doutrinários na Terra e fazem um grande trabalho com a caridade. Por serem sensíveis, captaram o seu sofrimento e angústia. Como eles têm méritos, os nossos mentores do Plano Maior me autorizaram a lhe esclarecer algumas coisas, assim como a auxiliá-lo em sua libertação.

Clarice estava radiante e diferente do que era quando encarnada. Mais bela e mais jovem, articulava as palavras de forma lúcida e esclarecedora. Tinha por Heber um sentimento de amizade pura e continuou sua mensagem, um pouco mais séria do que de costume:

– Tenho poucos minutos, por essa razão serei breve. Sei de seus planos com o servo, mas cuide-se para não piorar as coisas. Não é fugindo deste lugar que conseguirá sua liberdade. Lembre-se de que não está preso por permanecer em uma cela com grades, mas sim porque sua consciência o aprisiona nos erros passados. Inconscientemente, sabe que é culpado e almeja ser castigado para purificar a sua alma. Contudo, agindo assim, somente contribuirá para o nascimento de mais ódio e rancor. A prece é a fórmula mágica que nos livra de todos os males, meu querido! Fale com Deus, chame-o e a Ele revele todas as suas mágoas e angústias, entretanto, antes de qualquer coisa, perdoe! Perdoar os nossos inimigos é o único caminho da verdadeira libertação de nossa consciência. O autoperdão também constitui nobreza de espírito. Meu querido, peça a Deus que o tire daqui, enviando-lhe um mensageiro Dele para resgatá-lo e esclarecê-lo acerca da verdade que ainda ignora! Jesus disse: *Pedi e obtereis!*. Peça, Heber, pois somente com seu pedido sincero, o Pai vai enviar a ajuda da qual necessita!

Clarice foi desaparecendo da visão de Heber à semelhança de uma nuvem que se desfaz. O prisioneiro despertou do sonho entre lágrimas sinceras de gratidão a Deus. Pela primeira vez reconheceu que não estava só, como achava. Sentiu uma grande esperança em seu íntimo de obter uma ajuda dos céus. Estava mais confiante e, deixando-se dominar pelas emoções a que se entregara, ensaiou uma pequena oração:

"Senhor Deus, sei que não mereço nenhuma ajuda! Reconheço que nunca fui o marido nem o pai que poderia ser! Mas, de qualquer maneira, não tenho maldades em meu coração! Apenas estou perdido em um lugar estranho e solitário. Sinto muito medo do que me aguarda, mas agora confio em Você, pois constatei que o Senhor não desampara nenhum de seus filhos. Por essa razão, grande Deus, ajude-me! Não me deixe cair nas garras daquela criatura maléfica! Por favor, ilumine os meus passos e os de Lutero para que possamos encontrar a saída sem sermos vistos! Perdoe-me pelos meus pecados, pela minha ignorância e indiferença para com o Seu amor e minha família! Ajude-me, Senhor!"

Heber estava genuflexo e seu rosto banhado de lágrimas. Embora não soubesse orar, pela primeira vez, falou com extrema e notável sinceridade. Arrependido da omissão a que se entregara na carne, suplicou ao Pai por uma segunda chance.

Aqueles que se arrependem de modo sincero e reconhecem os próprios erros são os eleitos pela Misericórdia Divina. Deus concede uma nova oportunidade a essas pessoas, para que elas possam retificar certas atitudes. Heber estava entre essas criaturas, pois, arrependido, demonstrava ânimo para recomeçar.

Momentos depois de ter se entregado à mais sincera prece, uma grande luz se fez na pequena sala suja do calabouço e Heber pôde ver que se tratava da aparição de alguém, que ainda não sabia identificar, mas que irradiava paz e fraternidade. Ficou surpreso com a presença da entidade iluminada, que, embora não tivesse se identificado, tratava-se de Clara. Assim, ele prestou muita atenção na mensagem levada por ela:

– Caro irmão em Cristo! A porta da luz se abriu para você. Entretanto, terá de fazer por merecer a travessia tão aguardada! Geralmente encontramos dentro de nós mesmos as respostas para os impasses que nos desafiam a existência. Por essa razão suas rogativas foram consideradas e tem a bênção de recordar sozinho o pretérito que o condena! Vou auxiliá-lo neste momento pela manipulação de fluidos magnéticos. Assim, você vai readquirir o conhecimento, aparentemente perdido, das lembranças arquivadas em sua alma. Não olvide que tais memórias deverão ser utilizadas em seu benefício e nunca em detrimento ou prejuízo de outrem! Vamos, Brutus, recorde-se de si mesmo e, com a sua coragem voltada para o bem, poderá libertar-se sozinho de sua prisão!

Heber sentiu uma forte pressão na cabeça e fechou os olhos. Viu-se como o grande guerreiro Brutus e, finalmente, identificou-se com ele! Sim, era o grande cavaleiro, agora totalmente consciente de si mesmo! Agradeceu novamente ao Pai pelo auxílio e, ansioso, aguardava por Lutero para lhe contar as boas novas e, finalmente, conseguirem fugir daquele lugar.

capítulo nove

A verdadeira identidade de Joana

Elias fez uma oração agradecendo ao Pai Celestial a oportunidade que teve, por meio do concurso fraterno de Clara, para libertar Joana da ignorância em que sua consciência vivia.

Após o reencontro com Claudette, a ex-princesa adormeceu, e o sono reparador a que se entregara foi o responsável por trazer-lhe algumas lembranças do pretérito doloroso, que agora teria de resgatar.

Passadas algumas horas, Joana despertou e procurou Elias, que lia um livro tranquilamente em seu quarto. Aproximando-se do amigo, abordou-o com a doçura natural que lhe era peculiar:

– Nobre benfeitor, agora eu entendo o que se passou comigo há algumas horas. Tudo começa a fazer sentido em meu coração, que estava aflito, perseguindo inutilmente as respostas que buscava.

Consigo recordar-me da minha existência passada, quando fui a princesa que se entregou aos prazeres mundanos e aos caprichos da nobreza. Procurava um casamento de interesses, que acabou se tornando minha maior perdição. Vítima de meus próprios erros, fui a maior responsável por ter uma vida enclausurada nas minhas próprias angústias, amargando dúvidas e ressentimentos, principalmente com relação à conduta de minha irmã, Claudette. Tudo isso pautado na superfície da inveja e do ciúme desmedido.

Acabei perdendo para sempre o amor de meu marido e ganhando a culpa de um crime covarde, que até hoje não consigo acreditar que cometi.

Nesse momento, os olhos de Joana estavam marejados de lágrimas profundas, que rolavam frias sobre a sua face meiga e serena. Todavia, sentia um grande alívio na alma. Afinal de contas, sabia que se aproximava o momento de resgatar os seus débitos com a irmã, que, supostamente, prejudicara no passado.

Elias, identificando a dor que tais reminiscências provocavam no coração de sua tutelada, falou em tom consolador:

– Filha, somos todos irmãos, nascidos de um mesmo Pai, que é revestido de bondade e amor.

Não podemos nunca acreditar que os reveses que nos acometem a alma são castigos de Deus, pois um bom Pai jamais gostaria de ver um filho sofrer. É necessário entendermos que somos frutos de nossas próprias escolhas, como já lhe expliquei em outras oportunidades. No entanto, quando encarnados, ficamos suscetíveis e vulneráveis às coisas do mundo, esquecendo-nos, muitas vezes, do real objetivo que nos levou ao renascimento na carne, que é a evolução moral do nosso ser. Somos espíritos imperfeitos, carregados de débitos adquiridos em um passado longínquo, que ainda ignoramos por não estarmos preparados para encarar o tamanho de nossos equívocos. É certo que um dia lesamos ou fomos lesados; ferimos ou fomos feridos; sofremos ou fizemos sofrer.

"Nessa sucessão de acontecimentos, precisamos moldar o nosso caráter, revendo os nossos erros e planejando um acerto de contas com aqueles a quem prejudicamos, para que, assim, possamos continuar a nossa marcha evolutiva libertos de máculas e ressentimentos. Nesse raciocínio é que entra a reencarnação. Todos nós, sem exceção, podemos contar com o apoio da espiritualidade especializada em planejamentos reencarnatórios, para desenhar, em uma próxima existência, uma rota com acontecimentos previstos e algumas lacunas, que serão preenchidas conforme o nosso comportamento na prova à qual seremos submetidos.

"Isso explica o motivo de muitos filhos de uma mesma família, às vezes, serem tão diferentes, mesmo sendo criados de maneira idêntica; irmãos que se traem; amigos que se amam mais do que a parentes próximos! Tudo isso pode se resumir a uma só verdade: todas as criaturas possuem a sua própria individualidade e detêm em si uma bagagem composta por conhecimentos adquiridos durante as sucessivas existências, que são responsáveis por nossas tendências, demonstradas em nossa vida material."

O bom samaritano fez uma breve pausa e prosseguiu com as edificantes explicações:

– O que a humanidade precisa atualmente é refletir no que realmente importa e não se prender a chagas como orgulho, vaidades e ambições desmedidas. Se pararmos para pensar mais profundamente em todos os acontecimentos de nossas existências materiais, podemos constatar que as nossas maiores desavenças e guerras começaram com uma simples intriga ou alguma palavra mal interpretada. Quando entendemos que alguém, por algum motivo, quer o nosso mal, fechamos nossos olhos e ouvidos para qualquer observação mais digna, ignorando que, na maioria das vezes, deixamos o egoísmo dominar nossos sentidos em vez de tentarmos averiguar a verdade, mesmo que, para tanto, tenhamos de abandonar o nosso orgulho ferido.

"Travamos batalhas morais tão intensas que hoje somos vítimas de desencarnes coletivos, muitas vezes acarretados por cataclismas naturais ou por desastres de toda sorte. Tais sofrimentos somente serão obstados quando todos tiverem se transformado moralmente, a fim de fazer reinar a fraternidade sobre o egoísmo e a caridade sobre a vaidade!"

O grande instrutor mudou a vibração, e Joana, atenta, observava em silêncio, a notável transformação que Elias sofria. Logo avistou uma grande luz que envolveu lentamente o corpo de seu protetor, fazendo com que o timbre de sua voz ficasse cada vez mais suave.

Sentindo a inspiração do Mais Alto, o espírito bondoso prosseguiu o raciocínio, agora direcionado mais especificamente à sua tutelada:

– Joana, minha cara. Sei o que se passa dentro de seu íntimo e confesso que não acreditava que a sua recuperação seria tão rápida. Agradeçamos a Jesus e ao nosso Pai Maior, pois Eles são os únicos responsáveis pela sua melhora. Não foi fácil para você carregar uma vida inteira a dor de uma dúvida e a incerteza de um crime. No entanto, sabemos que a verdade é a única maneira de libertar qualquer criatura da prisão da própria consciência e, daqui para a frente, poderá esclarecer o que realmente se passou contigo. Se não matou sua irmã, sentirá essa certeza dentro de seu coração! Eu sei que desencarnou com essa terrível sombra em sua alma e que, por muito tempo, não enxergou as derradeiras cenas de sua penúltima existência, provocando em si mesma verdadeira depressão e profundo abatimento.

"Quando de seu desenlace, cuidei de você ainda como Cristal, mas estava tão transtornada por imaginar haver sujado as suas mãos com o sangue de Claudette, que eu e alguns colegas suplicamos a Jesus, por meio do concurso de benfeitores amigos, a possibilidade de reencarná-la novamente na Terra, para que o véu do esquecimento lhe abençoasse a alma, fazendo-a retornar à Pátria Espiritual, em breves anos, em uma condição melhor e mais favorável à reparação de seus débitos.

"Sua existência dolorosa como Joana a tocou profundamente, pois passou quase toda a infância em ambiente doméstico atribulado, faltando-lhe a fartura e a riqueza de outras épocas, para que pudesse valorizar o pão de cada dia e a concórdia no lar.

"Aos quinze anos de idade foi acometida por uma peste, fruto de uma epidemia gigantesca e, abandonada pela família e pelo grande amor de sua vida, no momento em que mais precisava deles.

"Tudo isso para que valorizasse o amor constante dos familiares e amigos e para aprender a abençoar mãos desconhecidas e fraternas, como as das abnegadas enfermeiras voluntárias, que lhe enxugaram o suor frio e o sangue da tosse mortal, nos últimos momentos de sua vida.

"Muitas vezes, na Terra, quando nos encontramos em condições mais favoráveis, esquecemo-nos de agradecer a Deus pelas dádivas e, ainda, queixamo-nos de tudo. Mal sabemos que nossas palavras e pensamentos são formas vivas que jogamos no Universo, dotadas de um poder incomensurável de atração, que acabam se voltando contra nós mesmos.

"Por tudo isso, quando não damos valor às coisas que temos, não conseguimos conquistar o que queremos, uma vez que não seria lógico lograr uma nova meta, se não fomos capazes de entender o que quer nos ensinar a lição anterior. Assim, antes de qualquer coisa, faz-se necessário compreendermos e aceitarmos os desafios que necessitamos enfrentar."

Após ligeira pausa, rematou:

– Pode reparar que as pessoas mais prósperas, geralmente se contentam com pouco e fazem deste mínimo uma grandeza, transformando um simples grão de areia em uma praia inteira, apenas por serem gratas e abençoarem o que tinham para começar.

Tocada pela bela palestra, Joana sentiu uma agradável leveza e uma indescritível paz. As palavras do amigo atingiram seu coração e ela as sentiu como se estivesse ouvindo uma sinfonia, harmonizando-se com cada frase, envolvida por toda aquela energia vibrante.

Recordava-se agora de sua outra existência como princesa Cristal e, cada vez mais, identificava-se com ela. Percebia que seus velhos hábitos da realeza davam lugar à humildade e resignação.

Estava convicta de que adquirir a consciência de tudo isso era apenas o primeiro passo de uma grande caminhada. Mas Elias lhe proporcionava a segurança e a confiança necessárias para prosseguir em seu caminho.

Curiosamente, à medida que rememorava a sua encarnação como Cristal, o *perispírito* de Joana, lentamente, passava a adquirir a forma física da ex-princesa.

Elias, percebendo a transformação natural da tutelada, esclareceu:

– Querida, creio que consegui expor algumas coisas que precisava saber. Viver como Joana lhe enriqueceu moralmente o espírito; todavia, o resgate pelo qual deverá batalhar agora é com relação ao seu passado como Cristal. Por esse motivo, a partir de hoje, vou chamá-la pelo nome de sua verdadeira identidade, já que decidiu assumir, por meio de sua própria vontade, a princesa que ainda vive dentro de você!

capítulo dez

A HISTÓRIA DE BRUTUS: O CAVALEIRO

CRISTAL, COMO JOANA PREFERIU SER CHAMADA, SENTIA-SE um pouco mais aliviada, pois acabou se convencendo de que não poderia ser a culpada pelo crime horroroso que vitimou sua irmã, Claudette. Não era possível que fosse tão fria! Lembrava apenas que, na noite em que a irmã desencarnou, tivera uma discussão horrível com ela, mas sabia que seria incapaz de cometer tamanha crueldade! Tinha algum mistério que precisava descobrir...

Era inútil tentar encaixar, com as lembranças que conseguia reaver, as peças deste quebra-cabeça, que ainda estava tão embaralhado em sua mente! Se não fora ela a autora do assassinato, quem poderia ter praticado tamanha infâmia, escondendo-se sob a sua imagem? Por que queriam que sofresse tanta injustiça?

Tais indagações lhe tiravam a paz, mas tinha aprendido com seu amigo Elias que tudo vem a seu tempo, e que é necessário adquirir a virtude da paciência para lograr a vitória esperada.

Passadas algumas horas da feliz palestra que tivera com o seu mentor, Cristal se sentia cada vez mais identificada com a princesa que via em seus sonhos e em sua remota memória. De vez em quando ficava pensativa e, na forma de alguns *flashes*, revivia cenas de sua própria história.

Recordou-se da amiga Ana e teve ímpetos de perguntar por ela ao instrutor, mas preferiu se calar e aguardar a iniciativa dele em colocá-la a par dos demais acontecimentos.

Elias conhecia profundamente a alma de sua protegida e sabia que, a cada hora que passava, mais perto estava de revelar-lhe todos os fatos marcantes de uma existência prejudicada pelos vieses da traição, da inveja e do orgulho.

Ao anoitecer, na companhia de Cristal, Elias, sorridente, dirigiu-se à jovem:

– Cara amiga, como se sente agora que consegue, sozinha, rememorar o passado longínquo?

A interpelada, pressentindo que aquele seria o momento de grandes emoções e maiores revelações das verdades ocultas, asseverou, em tom sereno:

– Nobre instrutor, eu me sinto preparada para ouvir o que tem a me contar. Busquei por quase toda uma existência a verdade que se escondia, mas agora creio que tudo vai se desanuviar e que meu coração vai se libertar de todo esse pesar...

Elias, fitando a ex-princesa de forma carinhosa, ponderou:

– Cristal, apesar de confiar em você, apenas faço a advertência que um pai faria a uma filha do coração: a recordação boa sempre nos remete a bons sentimentos e a nobres emoções; contudo, o inverso também se dá quando temos as más lembranças, pois tendemos a reviver as mágoas e as angústias das cenas que se passaram. Assim, cuidado para não prejudicar todo o aprendizado moral que acabou de conquistar. Lembremo-nos sempre de que recordar é viver uma vez mais, e na mesma intensidade, as situações que já se foram. Por esse motivo, querida filha, tente ao máximo controlar suas emoções, firmando o pensamento em Jesus, lembrando que quando o Mestre foi interrogado acerca do que fazer com a mulher adúltera, surpreendeu a todos com uma de suas mais sábias respostas: *Atire a primeira pedra quem não tiver pecados*.

Cristal concordou com o benfeitor e prometeu que iria se esforçar para controlar sua emoção.

Certo de que havia procedido de maneira íntegra com sua tutelada, Elias iniciaria uma narrativa rica em detalhes, para que Cristal, agora redimida, pudesse intervir a favor de Brutus, pois o grande benfeitor, em sua sabedoria, tinha consciência de que o antigo cavaleiro corria grande perigo e, mais do que nunca, precisaria desses detalhes nos dias céleres que estavam por vir.

Dessa forma, com a calma de sempre, Elias iniciou a história reveladora:

– Após a decadência do Império Romano e até meados do século XV, Roma enfrentava uma crise política, devido às guerras sangrentas e cruéis, protagonizadas inicialmente pelos bárbaros. O sistema político vigente era o feudalismo, que se caracterizava pela divisão de terras em pequenos feudos ou vilas. Em cada um deles havia o seu próprio "Senhor", cuja autoridade era equiparada a de um rei.

"Não obstante, a figura do imperador único ainda existia, porém, nesta altura dos acontecimentos, este não mais detinha em si a autonomia de governo, e sim o poder de transferir com a Igreja os domínios de terras e, consequentemente, outorgar títulos de nobreza aos seus futuros proprietários. Os chamados "Senhores", que comumente recebiam tais latifúndios, eram os nobres, os bispos e, ainda, os grandes cavaleiros, que tinham por missão, zelar pela segurança de todos.

"Um desses cavaleiros, guerreiro de muita força e de muita coragem, chamava-se Brutus Salomão. Ele era querido por muitos senhores ricos devido à sua astúcia e competência, além de ser admirado pelos soldados e temido pelos plebeus.

"Não tinha amor por ninguém. Seus pais foram rendidos e vendidos separadamente como escravos, quando ainda era criança, e nunca mais teve nenhuma notícia deles.

"Fora criado por um velho golpista que percebendo no seu corpo a virilidade e a força, obrigava-o a se apresentar, à semelhança de um artista, como os antigos gladiadores da Roma antiga. Isso acontecia corriqueiramente nas festividades realizadas pela nobreza, as quais imitavam as lutas sangrentas travadas nos espetáculos do Coliseu, em séculos passados. Como recompensa pela "atuação" de seu escravo, o dono de Brutus ganhava dinheiro e a simpatia dos Senhores de terras.

"Contudo, o que todos desconheciam era que Brutus, além de músculos, tinha uma extrema inteligência, que foi a principal arma utilizada para conquistar a sua libertação. Conheceu uma família munida de grandes recursos materiais e prometeu a eles a sua lealdade e discrição nas lutas que deveria travar. Em contrapartida, com o dinheiro que recebeu em troca, comprou a própria liberdade.

"Assim que se tornou legalmente livre, fez amizades com outros guerreiros e fundou o seu próprio vilarejo, que era o mais temido por todos os romanos, principalmente pela fama da crueldade que os ocupantes do local eram capazes de cometer com quem fosse capturado.

"Numa dessas guerras, o então Imperador de Roma, preocupado com a iminente perda de seu poder, tomou conhecimento dos atributos de Brutus pela boca do povo e mandou chamá-lo. Designou-lhe uma tarefa deveras difícil, mas prometeu que se ele obtivesse o êxito desejado, ganharia como prêmio a mão de sua filha mais velha: Cristal. Assim, casado com a princesa, Brutus poderia manter o governo imperial e os interesses políticos da família real e, em contrapartida, iria se tornar um verdadeiro nobre.

"O esperto cavaleiro não titubeou e, de pronto, aceitou o encargo, que culminaria em uma de suas mais sangrentas lutas.

"O vilarejo que deveria conquistar, por ordem do Imperador, era repleto de famílias inocentes, mas seu líder, Félix, era um de seus grandes inimigos, pois ele o criticava publicamente nas ruas, espalhando a todos que seu reinado era cheio de injustiças e de sede de poder. Falava impropérios de toda sorte ao povo, provocando sentimentos de revolta na grande massa escrava, que clamava pelos quatro cantos o seu descontentamento e, aos gritos, pediam que o Imperador fosse deposto para, quem sabe, serem declarados livres.

"Brutus, após os devidos acertos com o Imperador, partiu para a sua mais longa missão.

"Agindo pelas costas de Félix, atacou o seu pequeno vilarejo, queimando, sem piedade, todas as casas que encontrou, além de matar e escravizar homens, mulheres e seus filhos pequenos que, inutilmente, tentavam se defender.

"O cavaleiro, extremamente frio, após provocar quase a devastação total da vila, bradou, aterrorizante:

"'Félix, seu covarde! Apareça agora! Estou pronto para ouvi-lo! Onde está o seu povo, ou melhor, os seus "súditos"? Não há mais ninguém para defendê-lo agora! Venha e lute como um guerreiro! Prove que um dia poderá se tornar um verdadeiro cavaleiro!'

"O líder do vilarejo estava escondido atrás de uma árvore, mas acompanhou toda a cena terrível que se desenhara diante de seus olhos. Viu quase toda a sua família ser morta pelas lâminas de uma espada cruel, dominada pelas mãos assassinas daquele guerreiro infame!

"Ele não conseguia acreditar no que presenciava. Seus olhos estavam com um brilho de ódio, e seu coração apertado e magoado. Foi tomado de rancor por aquele matador de aluguel, que fazia com os outros o que o Imperador se recusava a fazer. Tinha certeza de que fora ele o mandante daquele crime nefando e era com esse covarde que deveria acertar as contas!

"Todavia, agora Brutus era o seu maior inimigo e sabia que deveria ter calma para conseguir escapar com vida daquela guerra covarde. Não iria aparecer naquele momento! Aguardaria a oportunidade de surpreender o cavaleiro e matá-lo, para depois jogar o seu corpo na frente do Imperador, com o recado de que ele seria o próximo.

"Vendo que Félix não atendia ao seu chamado, Brutus pediu para que os outros homens vasculhassem o vilarejo em busca de sua principal presa, mas não obteve sucesso.

"Não poderia voltar ao reino sem ter concluído sua missão. Dessa forma, decidiu que ficaria, por alguns dias, hospedado em uma estalagem ali perto, com o fito de desferir, de surpresa, o golpe fatal em Félix.

"Embora ainda não tivesse matado o seu principal alvo, Brutus estava contente, pois sabia que concluir a sua missão era apenas questão de tempo e, assim, resolveu chamar seus comparsas para se divertirem nas casas noturnas das redondezas.

"As mulheres da vila cobiçavam os guerreiros, principalmente quando estes eram forasteiros, pois além de ter com eles noites de luxúria, ganhavam alguns presentes muito valiosos.

"Brutus e seus capangas ingressaram numa dessas casas à procura de mulheres para se descontraírem. Enquanto escolhiam as belas parceiras, o cavaleiro avistou uma camponesa, de semblante meigo e assustado, que não parecia ser igual às outras.

"Com um gesto chamou o dono do estabelecimento e pediu informações sobre a identidade e a origem daquela jovem e viu-se surpreendido quando o dono o informou se tratar da filha de Félix, que conseguira fugir da invasão da vila. Como a jovem tinha muitos atributos formosos, ele decidiu dar guarida a ela, visando a trocá-la por moedas valiosas.

"O guerreiro olhou fixamente para a moça e teve ímpetos de raptá-la e propor a Félix uma troca: a vida de sua filha, pela dele próprio. Seria uma ótima maneira de abreviar o seu retorno e logo se casar com a princesa Cristal, objeto de seus mais secretos desejos.

"Refletiu alguns instantes e ordenou ao dono do estabelecimento que cedesse a mulher a ele. Contrariado, porém temeroso, o proprietário acabou acatando a ordem, trazendo a garota, arrastada, para o encontro de Brutus.

"Apavorada e com muita raiva daquele homem que matara a sua família, a camponesa cuspiu em sua face e gritou:

"'Seu cafajeste, imundo! Covarde! Atacou o vilarejo de meu pai pelas costas! Eu o odeio! Nunca serei sua, seu animal perverso! Acertará suas contas com o diabo quando estiver no inferno!'

"O cavaleiro adorou a forma descontrolada com que a jovem se dirigiu a ele. Observou-a e reparou que ela era dona de traços finos e de um corpo curvilíneo. Estava perfeita para sua diversão. Assim, com um gesto impetuoso e ousado, agarrou a jovem contra seu peito e, à força, beijou-lhe os lábios, grosseiramente.

"A menina gritava e, em tom suplicante, inesperadamente, ajoelhou-se aos pés do algoz e implorou:

"'Pelo amor de Deus, não me faça mal! Não posso ser entregue a você de forma tão cruel! Se me quer, poupe meu pai da morte e serei sua!'

"Uma estrondosa gargalhada quebrou o mórbido silêncio que havia no recinto. O cavaleiro não se conteve e, de forma autoritária, respondeu à menina:

"'Será minha se eu quiser e quando eu desejar! Não pouparei seu pai nem por você nem por mais ninguém! Tenho uma tarefa e vou cumpri-la até o fim. Agora não quero mais falar, venha comigo!'

"Seguiu para um dos quartos com a pobre inocente e passou a noite com ela.

"No dia seguinte, de tocaia, espalhou os seus homens por todas as entradas e saídas da vizinhança, a fim de capturar Félix e acabar logo com tudo aquilo.

"Apesar de sua crueldade, desistiu da ideia de raptar a filha do inimigo e, em seguida, matá-la. Ficou com certo receio de ir para o inferno, como ela havia praguejado, e decidiu não fazer nada de ruim com a moça, deixando-a livre. Afinal, acreditava que era necessário fazer pelo menos uma boa ação para ser perdoado por todos os seus pecados.

"A jovem estava acabada e sentia nojo daquele homem horrível. Sabia que seu pai corria perigo, mas era vigiada diuturnamente pelo empregado de Brutus. Só lhe restava rezar e acreditar no poder de um Deus desconhecido.

"Era noite novamente. O cavaleiro e seus homens aguardavam Félix, escondidos nas ruínas de seu vilarejo. Escutaram o galope de um cavalo e, de súbito, Brutus foi surpreendido com o barulho de uma espada que ia, certeira, na direção de seu fiel escudeiro. No entanto, num gesto de extrema agilidade, desembainhou a sua arma e colocou-se à frente de Lutero, seu companheiro. Percebeu que a lâmina do inimigo acabara ferindo gravemente o seu braço; porém, mesmo ferido, Brutus, sempre ágil, derrubou Félix do cavalo e acabou caindo com ele.

"Numa cena desesperadora, o ex-líder do vilarejo, tomado de ódio, jurou:

"'Espero que tenha aprendido a não pegar mais ninguém pelas costas, Brutus! Agora vou acabar com você!'

"Os outros cavaleiros cercaram o inimigo, mas Brutus gritou:

"'Parem! Afastem-se todos vocês! A luta agora é apenas entre nós dois!'

"Os cavaleiros obedeceram e Brutus prosseguiu:

"'Félix, eu vim a mando do Imperador, mas agora não quero destruir a sua vida por causa de uma ordem! A questão se tornou pessoal! Quero acabar com você! Aliás, para o seu conhecimento, estive com a sua filha que, por sinal, é uma formosura! Desonrei a você e a ela e saiba que gostei muito da noite que passamos juntos, embora ela tenha se mostrado um pouco relutante...'

"Félix ficou ruborizado de ódio! Tomado de mais rancor, aproximou-se de Brutus, tentando lhe golpear a garganta. Entretanto, a destreza do grande cavaleiro era a sua maior qualidade e, mesmo ferido em um dos braços, cravou a espada no peito do inimigo, que, gravemente ferido, ainda conseguiu balbuciar algumas palavras:

"'Brutus, seu demônio! O que fez com Christine? Matou-a, como a todas as pessoas inocentes da vila? É a mim que você quer, por que acabou com a vida de tanta gente inocente? Vai pagar muito caro! Sua sentença será proferida pelos tribunais dos céus e será condenado a arder eternamente no fogo do inferno! Aliás, é no inferno que fica marcado o nosso próximo encontro, quando eu me vingarei de você! Eu juro!'

"O cavaleiro, agora satisfeito pela completa vitória, respondeu:

"'Ora, Félix, pode ir para o inferno em paz, pois a sua filha não morreu! Eu a deixei viver, como prova de minha misericórdia!'

"O líder do vilarejo havia fechado os olhos para sempre e o grande Brutus, mais uma vez, cumpriu muito bem o seu papel e estava pronto para se unir à bela princesa Cristal, rumo ao poder e à glória!"

Elias terminou a narrativa. Estava cansado e percebeu que a sua tutelada também dava sinais de exaustão. Dirigindo-se a ela, propôs:

– Cristal, minha filha, creio que por hoje já lhe contei o bastante sobre Brutus. Agora é melhor descansarmos para refazermos nossas energias. Amanhã continuamos com as revelações, pode ser?

– Claro, meu amigo – respondeu Cristal. – Agora muitas coisas se aclaram em minha mente. Começo a entender certos comportamentos de Brutus, quando nos encontrávamos no castelo. Aos poucos, tudo se encaixa.

– Perfeitamente – concordou o benfeitor. – Vamos para o nosso repouso reparador.

capítulo onze

A FUGA

HEBER ESTAVA ANSIOSO PELA CHEGADA DE LUTERO AO calabouço. Precisava lhe contar todo o ocorrido para que ele se sentisse mais seguro, afinal, agora ele havia conseguido se lembrar de que realmente fora o grande guerreiro Brutus.

Escutou passos do lado de fora e estava certo de que era o companheiro tão fiel e querido de outrora. Conseguiu se recordar de Lutero quando este foi o seu mais leal servo na sua existência passada, e sentia que agora não seria diferente. Fugiriam juntos, como nos velhos tempos.

Por outro lado, o capataz se aproximava da cela bastante inseguro e temia que alguém pudesse desconfiar do plano, porém, agora já era tarde demais para desistir.

O duelo entre Félix e Heber estava marcado para dali a alguns dias e ele sabia que o prisioneiro não teria nenhuma chance.

Abriu a porta da prisão e sussurrou ao parceiro:

– Heber, estive com Félix e ele me informou que marcou o duelo para daqui a três dias. Temos de nos apressar para a execução do plano, senão estaremos condenados às mais terríveis torturas morais!

O amigo, entretanto, permanecia sereno e revelou:

– Lutero, eu preciso lhe confidenciar um fato que aconteceu comigo há poucas horas. Adormeci e sonhei com minha esposa, Clarice, que me aconselhou a perdoar os meus inimigos e a rezar para Deus, suplicando pela possibilidade de me recordar sozinho de meu passado. Fiz o que ela sugeriu e tive uma resposta dos céus: uma imensa claridade se formou neste recinto e um anjo me falou que Deus havia me ouvido e, por essa razão, aos poucos, Ele me concederia a graça pretendida, desde que eu utilizasse as memórias para o bem...

– Deus? Anjo? Está louco? Que diabos está querendo com tudo isso? Será que não percebe que nem Deus nem ninguém poderá enfrentar Félix, caso ele descubra que estamos planejando sair daqui? Acredita mesmo que algum "ser celestial" seria capaz de passar pelas sentinelas que ficam de prontidão e vir lhe dar recados? Ora essa! Era só o que me faltava! Você deve estar delirando! – objetou Lutero, descrente.

– Se estou lhe contando é porque vi! Não há motivo para inventar tal acontecimento! Contudo, saiba que, independentemente do que acha que está acontecendo comigo, sei que foi meu servo e amigo na época em que, na grande Roma, éramos cavaleiros. Recordei-me de que salvei a sua vida quando Félix e seu bando nos atacaram de surpresa! – revidou Heber, demonstrando irritação.

Lutero estava pálido. O relato de seu antigo líder o assustou, pois não queria que ele soubesse que tinha uma dívida de gratidão a pagar. Agora a situação se complicava ainda mais, pois conhecia os fenômenos da lembrança natural que ocorria entre os espíritos desencarnados e, mais cedo ou mais tarde, Heber recobraria novamente a consciência de tudo o que fizera na última existência e isso poderia acarretar graves consequências, como, por exemplo, um eventual e descabido acerto de contas com Félix.

Diante de tais reflexões, diminuiu o tom arrogante e, mais calmo, ponderou:

– Heber, se agora sabe de tudo, é preciso agir com mais cautela. À medida que se recordar de alguns fatos, sentirá cada vez mais que continua sendo o guerreiro forte e destemido de outras épocas. Todavia, não há tempo para vaidades de acerto de contas ou para provar ao povo quem é o líder mais poderoso. Lembre-se de que Félix é o dono deste vilarejo há décadas e é muito respeitado pelos espíritos perversos que aqui residem. Atitudes impensadas poderão ser fatais.

– Não se preocupe, Lutero – disse o prisioneiro –, utilizarei minha inteligência para sairmos daqui. Não quero perder tempo com vinganças mesquinhas. Quero rever Joana, pois sinto, em meu coração, que ela está por perto. Preciso sair daqui urgentemente. Volte amanhã, neste mesmo horário, pois nesta noite analisarei o mapa que me trouxe e finalmente traçarei a nossa estratégia de fuga.

Lutero retirou-se do local. O ex-aliado de Brutus estava pensativo. Procurava, dentro de si mesmo, algumas respostas. Se ele fora realmente o servo de confiança de Brutus, por que estaria contra ele, prestando serviços ao seu maior inimigo? O que Félix teria feito para convencê-lo a passar para o lado dele? Por que ele conseguia acessar a memória remota de outras mentes e não se recordava de seu próprio passado? Que véu de mentira o fazia esquecer-se de sua própria história?

Intrigado com tais dúvidas, Lutero resolveu procurar Félix para obter algumas informações sobre seu passado e de como chegou ao vilarejo. Estava caminhando em direção à casa do líder quando decidiu retornar. Viu que ele conversava com alguns capangas, e se escondeu para poder ouvir o que dizia.

Félix estava rodeado de soldados e, radiante, comentava com soberba:

– Sim, meus caros! Agora é minha hora! Matar-me da forma que ele fez foi pura covardia! Não poderia acabar com ele da mesma maneira, pois se assim fosse me igualaria àquele ser ínfimo! Lutero tinha razão quando sugeriu o duelo. Publicamente, vou me revelar um ser piedoso e justo, pois lutaremos de igual para igual.

Fez uma pausa e um dos soldados perguntou:

– Senhor, mas Lutero ainda não desconfia de nada? Mesmo após a captura de Brutus, o senhor ainda guarda aquele segredo?

Félix, mudando o tom de voz para um murmúrio, respondeu à indagação, contrariado:

– Cale a boca, soldado infeliz! Não vê que Lutero é um dos meus maiores homens? Se eu revelar a ele que bloqueei a sua consciência quando chegou aqui para evitar que se recordasse de que um dia fora meu inimigo, ele vai querer me arruinar e me abandonar! Lutero foi assassinado por um de meus capangas, que jurou vingança no dia de minha morte e, logo que deixou a Terra, ele foi sequestrado inconsciente e trazido para mim, como prêmio! Prometi que eu iria usá-lo como parte de minha vingança quando capturasse Brutus que, certamente, ficaria decepcionado ao deparar com o seu mais fiel soldado prestando serviços ao seu mais cruel inimigo! Em consequência, amargaria para sempre a dor de uma traição, assim como fez comigo, quando desonrou a minha filha querida!

Lutero ouviu aquelas palavras e chocou-se com tamanha cupidez. Que homem horripilante era aquele? Seria pior do que o próprio Brutus? Fora capaz de enganá-lo por todos aqueles anos dizendo que o salvara de cruéis inimigos e ele, por gratidão, resolveu retribuir com os serviços prestados de forma competente e fiel. Estava com ódio e com ímpetos de ir tirar satisfações com o velho líder, mas achou melhor não piorar as coisas.

Se Heber atentasse para esse detalhe, ou seja, de que Lutero não poderia estar servindo a Félix por ter sido seu amigo, com certeza não iria perdoá-lo, pois acreditaria ter sido enganado e traído em sua confiança. Será que seria oportuno contar a ele o que ouvira? Não, deixaria que o tempo decidisse.

No momento combinado, Lutero compareceu ao calabouço e, Heber, afoito, foi logo dizendo:

– Lutero, eu já sei o que fazer. Nossa fuga será amanhã, ao entardecer. Félix geralmente descansa nesse horário e as sentinelas de plantão se revezam. O povo quase não enxerga o que existe à sua volta e podemos alcançar o portão dos fundos, sem sermos vistos, se utilizarmos os disfarces dos vigias. Para isso, teremos de dominá-los, vestir suas roupas e sair sem levantar suspeitas. Será que você conseguiria os uniformes sem precisarmos render os vigilantes? O que pensa de tudo isso?

– Não creio que tenhamos dificuldade em conseguir as vestes. Amanhã pela manhã tentarei convencer Félix a ir palestrar com alguns soldados sobre o duelo, treinando com eles alguns golpes mortais. O público ficará atraído por este espetáculo de guerra e o caminho ficará mais livre para sairmos do vilarejo disfarçados de vigias – concordou Lutero.

– Então está perfeito. Aguardo-o aqui, amanhã, às quatro horas – concluiu, confiante, o ex-cavaleiro.

Ao amanhecer, Lutero, muito esperto, procurou por Félix e, como sabia que ele era extremamente vaidoso, começou a dizer:

– Senhor, estive pensando que o dia do grande duelo se aproxima. Por que não treina com os soldados golpes mortais, que só o verdadeiro guerreiro sabe desferir? O nosso prisioneiro nada entende de lutas, pois ainda está anestesiado em sua consciência. Será muito fácil reduzi-lo a pó e, ao mesmo tempo, esse treino poderia ser visto pelo povo, para promover mais entusiasmo e acrescentar maior ansiedade para o tão esperado espetáculo!

Félix sorriu e, com o orgulho inflado pelas palavras do capataz, concordou:

- Ótima ideia, Lutero. Creio que com um treino público a plateia vai se deliciar e ficará com mais ódio de nosso prisioneiro. Pode lutar comigo?

Surpreso pelo convite inesperado, Lutero, um pouco inseguro, disfarçou:

- É sempre uma honra, senhor, mas, infelizmente, não será possível. Necessito providenciar alguns armamentos e vigiar o nosso prisioneiro, que se encontra cada dia mais rebelde. Esse sujeito tem de sofrer!

- Assim é que eu gosto, Lutero. Convoque todos para comparecerem à arena dentro de três horas, para assistirem ao espetáculo - rematou, Félix, satisfeito.

Lutero cumpriu a última ordem de seu líder e, escondido, entrou nos aposentos dos vigias para furtar algumas peças de roupas. Após pegar tudo de que precisava, colocou as vestes dentro de um saco de estopa.

Quando subia as escadas rumo ao calabouço, foi inquirido de surpresa por um soldado:

- Lutero, o que carrega nesse saco? Acaso vai ao calabouço do prisioneiro?

– Vou levar alguma coisa para o infeliz vestir. Está desnudo e doente. Félix pediu para que eu providenciasse uma armadura que servisse nele, uma vez que se aproxima o dia do duelo. O chefe deseja que essa luta seja de igual para igual – respondeu o empregado, receoso pela possibilidade de ser desmascarado.

– Perfeitamente! Aproveite para vigiá-lo, pois estou indo assistir ao treino do nosso líder, que se prepara para o grande dia – respondeu, satisfeito, o colega do capataz.

– Fique tranquilo, pois comigo de vigia, garanto que o infeliz não escapará – aduziu, confiante e irônico, o servo traidor.

Lutero ingressou rapidamente no calabouço de Heber e os dois vestiram as roupas furtadas, colocando os capuzes para esconderem a face. De lá, podiam identificar a voz grave de Félix, que, triunfante em sua crueldade, exibia-se perante os olhos daqueles espíritos perversos e perdidos dentro dos próprios erros.

Apressaram-se e foram direto para o portão dos fundos. Conforme Heber havia previsto, não havia sentinelas de plantão naquele local e foi fácil abrir a porta. Em passos largos, correram, sem uma direção específica.

Tinham a impressão de que não conseguiam sair das imediações do vilarejo, embora já estivessem correndo havia mais de uma hora, sem parar.

Avistaram algumas pedras grandes e resolveram se esconder e descansar um pouco. Estavam exaustos e perdidos. Heber perguntou a Lutero se ele conhecia algum lugar próximo, mas o ex-servo negou, justificando que Félix nunca o autorizou a sair da vila.

Resolveram correr mais um tanto e avistaram uma entidade muito estranha, que gemia e tossia intensamente. Uma gosma nojenta saía de sua boca, e os dois, horrorizados, observaram-na.

Chovia, trovejava e uma ventania muito forte acabou levando o capuz de Heber. A mulher, ao olhar aquelas duas figuras, parou de caminhar e, de repente, colocou-se na frente deles. Num gesto assustador, exclamou, surpresa:

– Brutus! É de fato o grande cavaleiro? Eu o procurei por toda a eternidade e, pelo visto, agora o encontrei! Meu amado, que bom que voltou para os meus braços!

Heber, sem entender direito o que aquela terrível criatura dizia, respondeu, desconfiado:

– Desculpe, mas não a reconheço! Acho que me confunde com alguém! Como é mesmo o seu nome?

E a mulher, apagando o sorriso que tinha abrido e fechando o semblante desequilibrado, respondeu cinicamente:

– Claudette! Soa-lhe familiar?

Heber e Lutero entreolharam-se assustados. Ambos ainda não tinham adquirido total consciência da encarnação passada, mas sentiam que aquele nome, pronunciado daquela maneira, não iria lhes trazer boas recordações.

capítulo doze

O AMOR É A VERDADEIRA LUZ

ELIAS AGUARDAVA O AMANHECER PARA RETOMAR A CONversação com sua tutelada. Sentia em seu coração que necessitava apressar Cristal nas doutrinações evangélicas, pois sabia que Heber, o ex-cavaleiro Brutus, corria perigo.

Cristal permanecia em seu quarto, meditando na palestra que tivera com seu protetor no dia anterior. Ainda não conseguia entender direito todos os acontecimentos que vivenciara em sua pretérita existência, mas, em seu íntimo, sentia um apelo muito forte e, por alguma razão, pensou em seu amado Heber.

Queria confirmar com Elias se ele fora Brutus, embora tivesse essa íntima certeza em seu coração. Vestiu-se e foi ter com seu amigo, que estava na varanda, ouvindo o cantarolar dos pássaros.

Quebrando o silêncio, Cristal se aproximou do tutor e, com voz doce, perguntou:

– Elias, meu bom amigo, hoje estou um pouco tensa e aflita. Não sei explicar, mas sinto algo muito ruim dentro de mim. Heber, o meu amado na Terra, vem à minha lembrança de um modo muito forte e até dramático...

Após refletir em como faria a indagação a Elias, Cristal prosseguiu:

– Sinto que ele já partiu do orbe há algum tempo e, agora, estou mais preparada para perguntar: eu poderei revê-lo em breve?

O instrutor, de fisionomia séria e, ao mesmo tempo, amorosa, dirigiu o olhar à jovem princesa e respondeu à pergunta, confortando-a:

– Minha cara amiga, o sentimento mais nobre que um ser humano pode desenvolver em sua plenitude é o amor. O amor é o cordão de ligação entre um e outro ser. Quando amamos de verdade podemos sentir o coração do outro batendo em nosso próprio peito. Não há neste mundo sentimento mais puro do que o amor verdadeiro. Quando encarnados, temos algumas experiências e, até mesmo, cometemos alguns equívocos envolvendo tão valioso sentimento. Entretanto, somos como diamantes brutos, que necessitam de lapidação para poder brilhar intensamente. Utilizando essa metáfora, eu diria que o amor é o brilho do diamante. É a alma de todas as coisas.

Inspirado, o nobre orientador esclareceu:

– O que sente por Heber é um amor incondicional, aquele que não espera nada em troca. Entregou-se a ele no momento em que se olharam pela primeira vez e não deixou de amá-lo, mesmo quando foi por ele ignorada, nos últimos momentos de sua vida, como Joana. Assim, creio que já esteja preparada para escutar o que tenho a lhe dizer sobre ele.

Cristal estava emocionada. Elias sabia exatamente o que se passava dentro de sua alma e lia seus pensamentos mais secretos. Ela estava consciente de que seu amado já partira da vida terrestre, mas ignorava todo o seu sofrimento e o seu atual paradeiro.

Após a pausa, Elias deu continuidade à narrativa do dia anterior:

– Depois de consumar o assassinato de Félix, Brutus estava pronto para se casar com a princesa e assumir o reinado do povoado de Roma. Inebriado de felicidade, o cavaleiro procurou Cristal para acertar com ela os últimos detalhes do casamento, que aconteceria no ano seguinte. Entretanto, Brutus, antes mesmo de pensar em se consorciar com a princesa, cortejara Claudette, sua irmã mais nova, a qual sempre lhe correspondera aos apelos, com encontros sedutores. No entanto, assim que ele concluiu a sua missão e "ganhou" a mão de Cristal, achou por bem romper com a amante.

"Na mesma noite em que procurou a noiva para acertar a data do casamento, o futuro rei seguiu para a Vila dos Guerreiros, local eleito para comemorar vitórias e planejar outras conquistas.

"Já era madrugada quando foi surpreendido pelo relinchar de um cavalo. Não reconheceu a pessoa que montava o animal e desembainhou sua espada. Para sua surpresa, ao tirar o capuz, deparou com Claudette, que o chamava, desesperada:

"'Brutus, preciso falar com você. É sobre Cristal. Temo que ela já saiba da verdade...'

"O cavaleiro mudou o semblante e puxou violentamente a mulher pelos braços:

"'Claudette, deixe de bobagens! Sabe que não há "verdades" para serem descobertas. Essa conversa deve ser reservada. Venha para os meus aposentos!

"A interpelada sorriu disfarçadamente e consentiu com um gesto.

"A sós com ela em seu aposento, Brutus, já demonstrando profunda irritabilidade com a situação, em tom severo, indagou:

"'Fala, mulher, o que a trouxe aqui a esta hora?'

"Claudette, sedutora e atraente, respondeu ao seu amado:

"'Ora, Brutus, por que se dirige a mim dessa forma? Acaso se esqueceu de nosso romance? Venha, abrace-me! Não vim aqui senão para, juntos, comemorarmos sua vitória!'

"O cavaleiro já havia tido outras noites de amor com Claudette, mas agora estava cansado dela e iria se casar com a sua irmã. Logo, queria dar um basta na situação.

"Mudando o tom, começou a explicar o que sentia, à astuta mulher:

"'Claudette, você é uma jovem muito atraente e sabe que mexe com meus brios masculinos. Mas agora quero que aceite que o nosso romance deve chegar ao fim. Como sabe, meu casamento tem data marcada para acontecer e, embora não ame a minha noiva, devo, no mínimo, respeitar-lhe a dignidade. Não quero perder o trono por causa de aventuras amorosas.'

"Claudette estava ruborizada de ódio. Brutus chamava o seu romance de "aventuras amorosas"? Ela não significava nada para ele? Como se atrevia a se dirigir daquela forma tão vulgar a uma nobre senhora?

"Tomada de rancor, a bela e perigosa mulher, novamente no lombo de seu cavalo, praguejou:

"'Brutus, como se atreve a se dirigir com tamanho desrespeito à minha pessoa e ao meu *status*? Não sabe com quem está se metendo! Não perde por esperar! Vai se arrepender de me tratar como um lixo e de me jogar fora!'

"Antes que o cavaleiro tivesse qualquer reação, Claudette saiu, deixando uma nuvem de poeira para trás.

"Ela estava convicta de suas próximas armações. Não deixaria a irmã assumir o trono ao lado do homem que amava. Quem era Cristal para lhe roubar o lugar? Ela não entendia nada sobre como se portar como uma verdadeira rainha e não amava tanto Brutus, como ela. Precisava impedir o casamento dos dois de qualquer jeito e necessitava de um motivo muito sério e grave para fazer Cristal desistir da união.

"Passados alguns meses de seu último encontro com Brutus, e vendo que o casamento de seu amado se aproximava, Claudette ainda pensava em como faria para impedir a união. Foi aí que lembrou que quando estava entrando na Vila dos Guerreiros, ouviu um dos aliados de Brutus comentar com outro que o líder dormira com a filha de Félix antes de matá-lo, para torturar e acabar com a sua honra de pai. Exultante de felicidade com seus planos maquiavélicos, ela precisava descobrir onde se escondia aquela camponesa plebeia!

"Voltando à vila devastada, procurou por Christine, a filha de Félix, em uma taberna. Avistou o dono do estabelecimento e, impetuosa, indagou:

"'Por favor, por acaso ouviu falar de Christine? A filha do líder morto deste vilarejo?'

"O dono do bar, com ar desconfiado, respondeu:

"'Senhora, o que uma mulher de sua estirpe faz procurando por uma serva plebeia?'

"Claudette, em tom arrogante, devolveu a pergunta:

"'Se sabe que lida com alguém da nobreza, por que não se limita a responder à minha indagação? Onde está Christine?'

"O homem percebeu que se não obedecesse a ela poderia ser castigado e, muito contrariado, fez um gesto ao seu empregado, ordenando que fosse buscar a procurada.

"Após alguns instantes, apareceu uma jovem, de cerca de vinte anos de idade, grávida, aparentando um semblante entristecido.

"Claudette, que era perspicaz de nascença, logo concluiu que a rapariga era a mulher que procurava e que a sua gravidez, provavelmente, fora fruto da violência causada por Brutus.

"Sentia que encontrara um tesouro precioso e, mudando a fisionomia arrogante para uma expressão falsamente doce, dirigiu-se à menina assustada, em tom meigo e apaziguador:

"'Christine é o seu nome, minha jovem?'

"A moça, de cabeça baixa, respondeu educadamente:

"'Sim, nobre senhora.'

"'Ótimo que consegui encontrá-la. Eu estava à sua procura! Somente agora eu soube do terror provocado por Brutus neste vilarejo e não contive a minha indignação! Vim até aqui em busca de sobreviventes, para prestar-lhes alguma assistência! Tenho vergonha de ser a futura cunhada deste homem tão cruel! Acredita que ele acabou com a vila de Félix só para ter em troca a mão de minha irmã Cristal?'

"Christine, ao ouvir aquelas palavras, começou a chorar copiosamente. Lembrou-se de seu pai e de toda a população inocente, violentamente massacrada, alguns meses antes. Tinha nojo do filho que esperava em seu ventre e uma vontade constante de morrer.

"Claudette, percebendo que conseguira mexer com os sentimentos da pobre garota, fez questão de continuar envenenando-lhe o coração:

"'Ora, minha pobre jovem! Imagino o que deve estar passando em seu íntimo! Perder um pai e um marido assassinados de forma tão covarde e ter ainda um filho no ventre, sozinha, deve ser um sofrimento infinito!'

"Christine, pela primeira vez, levantou a cabeça e fixou o olhar em Claudette, respondendo, em tom carregado de mágoa e rancor:

"'Engana-se, nobre senhora! Nesse massacre em que meu povo foi vítima e meu pai morto de modo tão cruel, não perdi marido nenhum. Não tive oportunidade de realizar tal desejo de um dia casar-me, e agora nunca mais poderei fazê-lo. A crueldade e a maldade de seu futuro cunhado se estendeu sobre mim.'

"A interlocutora, fingindo não entender a insinuação de Christine, retrucou, com falso ar inocente:

"'Desculpe, mas, não a entendo... Como Brutus poderia estender a maldade dele em você, se está viva? Por acaso ele não teve misericórdia contigo?'

"Christine, sem delongas, replicou de modo incisivo:

"'Minha senhora, o filho que espero é fruto da violência que seu cunhado me infligiu. Além de meu pai ter perdido a vida pelas mãos assassinas desse criminoso, vou ter um filho desse infame, e estou condenada à solidão e à pobreza para sempre!'

"Christine chorava copiosamente e soluçava sem parar. Já Claudette estava radiante, pois havia encontrado o mapa da mina que iria levá-la diretamente para a sua planejada vingança!"

Elias fez uma pausa e observou Cristal. A ex-princesa estava surpresa e entristecida com a história contada pelo seu protetor. Conforme ele relatava os fatos, sentia apertos em seu coração, que confirmavam a veracidade de todos os acontecimentos narrados. Não era difícil concluir o fim da história...

Pediu a Elias que a deixasse terminar a palestra e ele, como bom amigo, consentiu. Ela então prosseguiu, de modo vacilante, a incrível narrativa de sua pregressa existência:

- Claudette provavelmente envolveu Christine com a sua falsa amizade, convencendo-a a se vingar de Brutus e, paralelamente, de mim também. Armou tudo direitinho e ambas escolheram a data do meu casamento para colocar o plano vingativo em ação. A mulher que apareceu na cerimônia, alegando que Brutus era casado e que tinha com ela uma família, tratava-se da filha de Félix, que, tomada de rancor e de mágoa, aumentados pelo veneno jogado por Claudette, resolveu ser a protagonista do plano sujo, armado pela minha própria irmã! Meu pai mandou prender a camponesa, que teve de se separar de seu filhinho recém-nascido para sempre!

Cristal, um pouco magoada, respirou profundamente. Elias, percebendo a emoção da jovem, retomou a palavra:

- Minha querida, o que relatou foi o que aconteceu. Christine foi presa, torturada, e seu filho entregue ao comércio de escravos. Depois do seu casamento, a sua vida conjugal com Brutus se pautou na desconfiança e em constantes traições, pois o cavaleiro não resistia às investidas das mulheres aproveitadoras. Além disso, após a misteriosa morte de Claudette, Brutus acreditou que você teria descoberto que ele e a sua irmã haviam tido um envolvimento e, tomada de ódio, você a assassinou friamente.

"Logo que o espírito do ex-cavaleiro retornou à Pátria Espiritual, foi implacavelmente perseguido por seus desafetos. Assim, para sua própria segurança, ele permaneceu por algum tempo isolado e inconsciente e, passados alguns anos, reencarnou.

"Mesmo sabendo dos erros que Brutus cometeu, você estava disposta a reencontrá-lo na Terra, a fim de reequilibrar o amor que sentia e, quem sabe, unir-se novamente a ele, sem as maldades de outrora.

"Saiba que, quando amamos de verdade, corremos todos os riscos e, com você, não foi diferente! Desde o início trabalhamos para sua conscientização de que Brutus, mesmo de posse de um novo nome e de um novo corpo na esfera carnal, por ainda não haver adquirido a maturidade espiritual, estaria suscetível à cegueira, provocada pela sua invigilância, assim como aos piores equívocos, como efetivamente aconteceu!

"Ele assumiu a sua nova existência como Heber, um homem comum, com o objetivo de conquistar virtudes e valores morais, que ainda estava longe de desenvolver. Sua vida o convidava a ser um bom homem, um bom pai e um bom marido, antes de poder voltar a conviver com as pessoas que prejudicou, incluindo você, minha filha!

"Isso justifica o motivo pelo qual, nesta última encarnação, vocês se reencontraram e se reconheceram apenas por breves instantes, uma vez que a missão de um era diversa do aprendizado do outro.

"Portanto, podemos afirmar que Heber e Brutus são muito diferentes, mas são o mesmo espírito. Possuem antagônicas personalidades, mas um só coração!

"Christine também retornou à vida corpórea, na figura da abnegada Clarice, pois ela havia perdoado Brutus no plano espiritual e estava disposta a encerrar um ciclo de sua vida convivendo ao lado dele, para poder, mais rapidamente, ascender em voos mais altos.

"Já a nossa irmã Claudette não conseguiu alcançar tal dádiva, pois, para tanto, ainda precisa se redimir no perdão e amenizar as suas tendências negativas."

Após as revelações, o benfeitor, pensando na melhor maneira de comunicar à sua tutelada sobre o perigo que rondava o seu amado, aduziu, um tanto apreensivo:

- Minha querida, eu sinto ter de lhe dizer que o nosso cavaleiro de outrora agora corre sério risco, porque, além de estar perdido no vazio de sua própria alma, encontra-se dominado sob o poder de seu mais terrível inimigo: Félix.

Nesse momento, Elias contemplou a sua tutelada e pediu suplicante:

- Cristal, se ainda sente amor por esse homem, é hora de demonstrar!

A jovem, temerosa e emocionada, respondeu:

- Elias, o meu maior desejo é revê-lo. Eu ainda o amo, do fundo do meu coração, e agora mais do que nunca ele precisa de nós!

O nobre benfeitor previa a resposta, mas queria que a moça demonstrasse seus sentimentos. Estava feliz por poder contar com a força do amor que Cristal ainda sentia, pois precisava dela para promover o auxílio de Heber. Após a rápida reflexão, rematou:

- Minha filha, seu amado corre perigo! É chegada a hora da verdade para, unidos, desenharmos um novo alvorecer... Vamos partir daqui imediatamente, com Clara, a entidade espiritual sublime que nos auxilia do Mais Alto. A nossa grande missão é resgatar Heber e quem mais for digno da Misericórdia

Divina, pois só o amor é a grande luz capaz de dissolver os mais impuros sentimentos e de trazer a paz e a alegria de volta ao coração que, por um momento, perdeu-se de Deus.

capítulo treze

O RESGATE ILUMINADO

OS DOIS FUGITIVOS ESTAVAM ASSOMBRADOS. QUEM SERIA aquela criatura que afirmava que os conhecia?

Heber, recordando-se de que Lutero tinha faculdades que lhe permitiam ingressar na mente dos espíritos para descobrir suas vidas passadas, pediu ao companheiro que tentasse identificar quem era aquela estranha criatura.

O servo não titubeou e se aproximou de Claudette, que se encontrava exausta e sentada ao lado de um pequeno rio. Unindo o seu pensamento ao dela, pôde constatar que se tratava da cunhada de Brutus que, misteriosamente, fora envenenada. Não conseguiu identificar o motivo que levou a estranha criatura a aproximar-se deles, mas verificou que, da mente da mulher, saíam vibrações de ódio e rancor, que se dirigiam diretamente ao seu companheiro.

A infeliz adormeceu e Heber aproveitou o momento para indagar:

- Lutero, o que viu? Essa mulher é realmente familiar, mas ainda não consigo me recordar de todos os fatos da minha existência passada. Sinto uma aversão por ela muito forte e não consigo ter compaixão do estado de sofrimento em que se encontra! Outra dúvida que me intriga é como ela me reconheceu como Brutus, se desencarnei como Heber, com um corpo e uma aparência diversa daquela em que a criatura diz ter convivido comigo?

Lutero era um espírito muito inteligente e sabia manipular fluidos e identificar vibrações, devido ao longo período em que trabalhara com Félix.

Ele refletiu um pouco e, de um modo simples, tentou responder às perguntas de seu parceiro:

- Heber, o nosso corpo carnal não passa de um envoltório totalmente material e se assemelha a uma peça de roupa, que poderá ser trocada várias vezes, sem alterar o seu conteúdo. O que quero lhe dizer é que, mesmo quando reencarnamos com nova fisionomia, conservamos a nossa própria energia, que pelos espíritos é comumente chamada de "vibração"; é como se fosse uma "marca" individual, que permanece em nós mesmo quando mudamos de corpo físico. Para sua melhor compreensão, vou exemplificar: quantas vezes, na Terra, acabamos de conhecer determinada pessoa que nos desperta algum sentimento inexplicável para um primeiro contato, como uma aversão automática ou uma simpatia extrema? Por um momento, não conseguimos explicar o motivo de tais sentimentos, se mal conhecemos a pessoa, não é verdade?

"A resposta está na vibração emitida por ela, que é reconhecida por nós de forma inconsciente. Identificamos o espírito que anima o corpo e não somente o corpo, propriamente dito. Aqui, esta mulher não enxergou com os olhos limitados da carne, mas reconheceu a vibração de Brutus em você com os olhos do espírito e, assim, passou a enxergá-lo externamente tal qual como o conheceu, ou seja, como o cavaleiro. Félix me explicou que esse fenômeno é chamado de afinidade, isto é, espíritos que se afinam ou se afinaram um dia são capazes de se reconhecerem sempre e em qualquer circunstância, pois a vibração não pode ser ocultada da mesma maneira que ocultamos facilmente alguns fatos, quando estamos encarnados na Terra."

Heber estava perplexo. Admirava a sabedoria de seu companheiro. Antes que pudesse prosseguir com a conversa, escutou os gritos de Claudette:

– Brutus, até que enfim chegou nossa hora! Não aguento mais essa espera sem fim! Por onde andou esses anos todos? Atrás de Cristal? Como pôde ter escolhido a ela e não a mim, que sempre lhe fui fiel? Por que o veneno, Brutus? Calar-me era a pretensão? O plano foi muito bem executado e tenho certeza de que Cristal morreu amargando os últimos dias de sua existência se considerando a mais cruel de todas as criaturas... Matou a própria irmãzinha...

Uma gargalhada se fez ouvir. Claudette estava enlouquecida e desequilibrada. Depois do acesso de loucura, prosseguiu ironicamente:

– Ora, Brutus, deixe Lutero passear um pouquinho; afinal, há quanto tempo não ficamos a sós, não é mesmo?

Heber não sabia o que fazer e queria se livrar daquela criatura para continuar a sua fuga; afinal, não havia se afastado muito da aldeia de Félix.

Lutero, com a esperteza que lhe era peculiar, percebendo a inquietude do parceiro, tomou a frente da conversação, considerando:

– Minha nobre senhora, se me permite a intromissão, tenho a dizer que eu e o nobre cavaleiro estamos um pouco fatigados e necessitamos de repouso. Percebi o seu apreço por Brutus e, em nome dele, pergunto: por acaso conhece algum lugar em que possamos passar a noite?

Claudette, orgulhosa pelo respeitoso tratamento dispensado pelo servo, ponderou:

– Ora, meu rapaz, eu posso levá-los a um pequeno vale que conheço. Não é digno de criaturas nobres como o nosso "rei", mas creio que atenda às expectativas solicitadas. Podem me acompanhar?

Antes que pudessem dar um passo, Heber e Lutero perceberam algumas vozes muito próximas, que diziam:

– Já os procurou no Vale de Lágrimas? Não é possível que tenham ido muito longe! Vamos nos dividir e cada um vai para um canto! O primeiro que encontrá-los deve avisar os demais! Félix está irado e não vai nos perdoar enquanto não localizarmos os traidores!

Lutero fez um sinal para que Claudette não fizesse nenhum movimento e Heber, pela primeira vez, lembrou-se da imagem de Clarice e, então, começou a rezar, implorando pelo seu auxílio.

Claudette, muito astuta, percebeu que os dois homens eram o alvo dos cavaleiros maldosos que rodeavam o local onde estavam; assim, apareceu, distraindo a atenção dos empregados de Félix. Em seguida, fez um discreto sinal para que os fugitivos aproveitassem e corressem para longe dali.

Dirigindo-se aos perseguidores, indagou:

– Quantos rapazes belos por aqui! Por acaso procuram alguma pessoa em especial?

Os empregados, impacientes, responderam:

– Mulher, não deve se intrometer em assuntos que não lhe dizem respeito. Procuramos sim, um grande cavaleiro que, com certeza, não passou por aqui.

A criatura maldosa sorriu e asseverou:

- Se eu fosse você perderia a arrogância e procuraria com mais cuidado...

Percebendo a traição da infeliz, Heber e Lutero apressaram mais o passo. De repente perceberam que algo muito ruim havia acontecido: parado e encolerizado, diante deles, estava o temido Félix.

Ambos se entreolharam e, temendo o pior, permaneceram estáticos.

Félix estava impassível e sem expressão. Observava friamente os dois amigos juntos. Lançou um intraduzível olhar para o seu ex-servo e contemplou, ameaçador, o seu pior inimigo. Antes que os fugitivos pudessem exprimir qualquer gesto, Claudette, exultante de felicidade, apareceu entre os soldados de Félix e, debochada, falou:

- Brutus, meu amor! Por que me rejeitou? Disse que se arrependeria por negar-me o seu amor. Agora, fui obrigada a entregá-lo de bandeja a Félix para que seja massacrado por ele da mesma forma cruel que atacou o seu povo. Se tivesse se unido a mim, não estaria em situação tão perigosa! Quanta pena sinto de você!

E, dirigindo-se ao servo do mal, Claudette rematou:

- Félix, meu rei verdadeiro, entrego-lhe Brutus, para que, finalmente, saboreie a sua justa vingança!

Heber e Lutero estavam pálidos. Tinham consciência da gravidade da situação e estavam surpresos com a armadilha de que foram vítimas.

Nesse momento, Heber lançou o olhar para o céu e novamente suplicou ajuda. Em instantes, viu uma grande luz iluminar aquele local sombrio!

Aterrorizados com a irradiação suprema que vinha do Alto, os espíritos infelizes cerraram os olhos e se afastaram, temendo serem castigados por Deus.

Félix, ao contrário de seus capatazes, não mostrava temor algum, apenas sentia uma leve ansiedade diante da cena inusitada, que se desdobrava diante de seus olhos.

Para surpresa geral, ouviram quando uma voz suave, que ecoava de algum lugar indefinido, começou a se pronunciar. Tratava-se de Clara, a nobre benfeitora que, humildemente, auxiliava Elias nesta grande tarefa de redenção:

- Queridos companheiros de jornada, que esta luz incandescente possa iluminar todos os corações ainda endurecidos por sentimentos menos felizes. Que o nosso Mestre Jesus, os abençoe e ilumine os seus passos. Trago comigo o convite do Alto, para que, de agora em diante, mudem de atitude mental. Insistir em sentimentos como o ódio, o rancor, o orgulho e a vaidade, apenas retardam a nossa evolução espiritual e o nosso progresso como filhos de Deus. A Misericórdia Divina convida todos à renovação moral. Quem aceitar a oferta será salvo, se assim desejar! O recomeço é sempre uma nova oportunidade para quem busca a verdadeira paz. Venho, em nome de Jesus, retirar deste recinto aqueles que se entregaram ao mais sincero arrependimento e que imploraram pela salvação!

Um grande silêncio envolveu o ambiente. Félix não tinha forças para revidar tamanha grandeza e se sentia diminuído e fraco. Claudette, por sua vez, permanecia com a postura cabisbaixa, e alguns empregados de Félix, admirados, entregavam-se às lágrimas e ao arrependimento.

Lutero e Heber também choravam e ambos sentiam que algo muito bom estava por vir.

Clara observava o quadro geral e prosseguiu, em tom sereno:

– Jesus veio para os doentes e não para os sãos. Quem precisa de reconforto, quem está cansado e oprimido terá o alívio necessário se buscar em si o Evangelho do Cristo. Estou aqui porque alguém me chamou. Essa pessoa logo vai se manifestar e, desde já, convido a todos os que desejam a transformação de caráter para o bem e para o aprendizado com Jesus, a me acompanharem!

Heber, envergonhado, dirigiu um olhar de humildade àquela entidade que falava tão sabiamente e balbuciou algumas palavras, com grande dificuldade:

– Anjo do Senhor, eu fui um dos que invocaram sua presença. Estou perdido no vazio de minha própria consciência e desejo a mudança de atitudes. Tenho muitos débitos e muitas culpas. Preciso reparar minhas faltas. Mas, por favor, se sou digno de sua ajuda, leve também Lutero, meu companheiro! Eu sou o culpado por ele estar nesta situação...

Lutero, ao ouvir as palavras sinceras de Heber, também deixou que a emoção tomasse conta de seu espírito endurecido. Lágrimas grossas rolavam pela sua face e ele não conseguia mais se conter.

Num gesto inusitado, olhou para Heber e falou, com sinceridade:

– Perdão, meu amigo e irmão! Sempre o estimei como grande parceiro, mas contribuí para sua captura, a mando de Félix! Só o ajudei a fugir porque me recordei de que quando era Brutus, salvou-me de um golpe mortal de Félix, quase dando sua vida pela minha! Estava auxiliando-o, não porque me pediu, mas sim porque sentia que tinha uma dívida com você! O meu orgulho não me deixou em paz desde o momento em que eu soube que tinha débitos para com você. Eu também tinha interesse nessa fuga e por esse motivo resolvi ajudá-lo! Perdoe-me, meu amigo, e saiba que agora aprendi a admirá-lo! Conte com a minha lealdade para sempre!

Heber estava desfalecido. Mesmo com o relato do ex-servo de Félix, ainda sentia um enorme carinho pelo companheiro. Dirigindo-lhe um olhar de gratidão e de amor, ele se manifestou:

– Lutero, não há o que perdoá-lo. Você me ajudou e não me importo se, para isso, tinhas intenções ocultas. Sou-lhe grato do mesmo jeito e poderá sempre contar com minha eterna amizade!

O ex-capataz esboçou um sorriso, enquanto Félix se mantinha irredutível. A veneranda entidade espiritual, sensibilizada pela cena que acabava de presenciar, finalizou:

– Meus irmãos, urge o momento de partirmos! Heber e Lutero podem vir comigo. Claudette também está convidada, além de Félix e dos demais companheiros que desejarem a mudança!

Alguns homens que manifestaram arrependimento também foram socorridos. Restaram apenas Claudette e o líder Félix, que ficaram extremamente irritados por terem os seus planos frustrados!

Antes de partir, Elias, que também participava do resgate iluminado, em tom pacífico, aconselhou:

– Queridos irmãos, respeito a vontade de vocês, pois todos nós somos dotados de livre-arbítrio. No entanto, não podemos olvidar que estamos sempre respondendo à Justiça Divina pelas nossas ações ou omissões. Cabe a cada um de nós abreviar ou retardar o nosso progresso. Todavia, não podemos escapar dele, uma vez que se trata de uma das mais importantes Leis Divinas que regem o Universo. A cada um segundo suas obras, conforme disse o nosso Mestre Jesus. Mas muito cuidado com o que semeamos, pois já diz o ditado: "Aquele que semeia vento, colhe tempestade". Guardem estas derradeiras palavras na lembrança e saibam que, para o arrependimento sincero, Deus nunca virará as costas!

Clara, Elias, Heber, Lutero e todos aqueles os que aceitaram auxílio desapareceram daquele local ermo.

Félix, que lá permaneceu, estava com ódio e era consolado por Claudette, que estava aflita. Para onde foram levados os seus perseguidos? Eles não iriam desistir de procurá-los, para o devido acerto de contas!

capítulo catorze

O SUBLIME REENCONTRO

AS ENTIDADES ILUMINADAS CONDUZIRAM TODOS OS HOMENS a um local bem diferente daquele que acabavam de deixar. Heber e Lutero ainda receavam em trocar palavras com o espírito benfeitor, embora, intimamente, estivessem cheios de dúvidas que lhes perturbavam a mente.

Os homens que trabalhavam para Félix, que foram socorridos, temiam ser novamente capturados e submetidos às mais variadas torturas incessantes e cruéis.

Clara se despediu de todos, deixando os assistidos sob os cuidados de Elias.

O venerando amigo, percebendo a onda de vibrações duvidosas emitidas pelas criaturas resgatadas, resolveu reunir todos os companheiros em singela palestra, com o escopo de facilitar a comunicação entre eles e dirimir qualquer receio ou angústia que cada um trazia no coração.

Em tom sereno, o nobre benfeitor começou a se pronunciar, com um sorriso simpático nos lábios:

– Queridos companheiros de jornada! Deus seja louvado por nos conceder a graça de Sua infinita misericórdia! Vocês devem estar se perguntando, como conseguiram chegar até aqui, em um simples momento? Quem é esta entidade que lhes fala? O que acontecerá, doravante? Todas essas questões são naturais e fáceis de serem esclarecidas. O arrependimento sincero, como disse outrora, é o responsável por grandes milagres, que iluminam a nossa existência. Meu nome é Elias e fui designado pelo Mais Alto para promover o resgate dos que suplicaram a intervenção celestial. Entretanto, ao contrário do que devem pensar, não sou anjo nem tampouco alguém superior a vocês; sou humano e muito devedor, se não mais do que todos aqui presentes. O que me difere de vocês é que retornei da Terra um pouquinho antes.

"Creio que a maioria está consciente de que não mais pertence ao grupo de espíritos encarnados no orbe e que deixou o corpo físico rumo à vida verdadeira na Pátria Espiritual. No entanto, é imperioso esclarecer alguns pontos obscuros a que normalmente não damos muita importância quando estamos revestidos do corpo material.

"O mais importante deles reside no fato de não nos atentarmos às necessidades espirituais quando encarnados. Levamos uma via automatizada e a rotina do trabalho–casa–casa–trabalho nos consome por inteiro, não permitindo que gastemos um pouco do nosso precioso tempo com estudos acerca da vida, da religião ou até mesmo da nossa própria história.

"Somos tomados por ambições desenfreadas e nos limitamos a pensar que viver se resume em: acordar pela manhã, fazer as refeições, trabalhar muitas e muitas horas e, no fim do dia, entregar-se ao sono, geralmente conturbado, em virtude das preocupações que guardamos para o dia seguinte.

"Não se vive o presente, pois na maioria das vezes, ficamos presos ao passado e ao que acontecerá no futuro, sem sequer refletirmos que o futuro só a Deus pertence. O dia de amanhã é algo que não deixará de existir, mas nos esquecemos de que nós podemos não mais existir, como encarnados, no dia de amanhã.

"Tal visão não implica criar terrorismos ou síndromes depressivas diante da iminência da morte (que não existe), mas, ao contrário, fazer com que saibamos valorizar o que realmente importa!

"Momentos como um passeio ao ar livre com a família, o nascimento do filho querido, o casamento com a noiva amada, o sorriso inocente de nossos pais velhinhos, o Natal com a família reunida, enfim, tudo isso passa despercebido por nós, quando deveria ser totalmente aproveitado e, principalmente, vivido intensamente!

"O nosso comportamento durante a vida carnal é sempre o reflexo de nossa evolução espiritual. Quanto mais evoluídos em espírito, mais sintonizados com a espiritualidade nós somos; quanto menos evoluídos formos, mais apegados seremos com o campo da matéria. Portanto, Jesus, sempre sábio em suas lições, corretamente afirmou que: "Não se pode servir a Deus e a Mamom".

"Percebemos que a grande maioria dos seres encarnados na Terra se importa muito com o campo material, o que demonstra que todos necessitam evoluir a moral e, muitas vezes, o intelecto, passando por uma vida repleta de provações e de expiações, para a depuração de sua alma. Como retribuição, muitos almejam a permissão para ingressar em um mundo regenerador e completar, com êxito, sua jornada.

"Por conseguinte, como Deus nos criou à sua imagem e semelhança, porém simples e ignorantes, deu-nos o livre-arbítrio, que tem o condão de determinar o tempo que levaremos para completar a nossa marcha evolutiva, a depender de nosso comportamento nas sucessivas vidas a que vamos nos submeter, angariando créditos e/ou débitos, que nos farão demorar, mais ou menos, a conclusão do nosso objetivo.

"O que não podemos olvidar é que o livre-arbítrio é relativizado pela Lei de Ação e Reação, ou seja, toda ação que praticarmos, até por pensamento, vai voltar para nós, seja boa ou ruim. Dessa forma, podemos concluir que para todo efeito existe uma causa, isto é, se ferirmos alguém em uma vida, vamos nos tornar responsáveis pela melhora daquela criatura e, mesmo se quisermos utilizar o livre-arbítrio, abandonando-a, tal atitude será ineficaz, pois vamos sempre atraí-la para nós até quebrarmos o vínculo que temos com ela, reequilibrando, numa futura existência, essa relação prejudicada."

O benfeitor fez uma pausa e contemplou a pequena "plateia" que o assistia. Percebeu que todos se mostravam ávidos por mais esclarecimentos edificantes; contudo, ele não poderia demorar-se mais, pois deveria encaminhá-los a um Posto de Socorro[5] que ficava próximo.

---

5. Posto de Socorro é a denominação que se dá a pequenos agrupamentos transitórios, que ficam em regiões da Crosta Terrestre, com o escopo de receber companheiros assistidos e resgatados de planos inferiores, prestando-lhes os primeiros socorros e encaminhando-os, posteriormente, às colônias espirituais (NAE).

Após o breve intervalo, finalizou, demonstrando felicidade e contentamento:

- Irmãos, eu espero que reflitam nas minhas cordiais e singelas palavras, quando estiverem repousando nos leitos em que vão permanecer por alguns dias. Vou levá-los a um pequeno hospital, cujos trabalhadores são de minha extrema confiança, além de muito prestativos com os pacientes. Sei que aparentemente não estão doentes, mas necessitam do repouso reparador para prosseguirem em seus caminhos.

Após o pronunciamento, Elias e os demais companheiros se aproximaram de uma construção antiga e alta, com portões de ferro e um grande jardim florido. Foram rapidamente recebidos por um companheiro, que, reconhecendo o benfeitor, exclamou, alegre:

- Nobre Elias, seja bem-vindo! Mais uma missão de resgate? Que Deus o abençoe! É sempre um grande prazer recebê-lo nesta humilde casa de socorro!

- A alegria de vê-lo é mais minha do que sua - descontraiu o bondoso missionário, que, após os cumprimentos de praxe, recomendou:

- Ivan, eu lhe peço gentilmente que trate de meus tutelados. Trago todos de uma região bastante precária, nem sei se estavam se cuidando direito, creio que não. Também é necessário providenciar uma higiene e troca de roupas. Dentro de alguns dias retornarei aqui, para vê-los.

– Sim senhor, pode deixar que cuidarei deles com todo carinho – comprometeu-se o atencioso anfitrião.

Heber e Lutero não conseguiam expressar nenhuma reação. Estavam exaustos para tecer qualquer comentário a respeito e se encontravam muito necessitados, para se darem ao luxo de recusar tal benefício. Apenas dirigiram um olhar de gratidão ao novo amigo e, com os outros, foram convidados a acompanhar o enfermeiro designado, rumo aos seus novos aposentos.

Vendo que os homens se retiravam, Elias prosseguiu a palestra com Ivan, advertindo-o:

– Caro companheiro, todos esses irmãos trazem consigo vibrações negativas, oriundas de atitudes que não nos cabe aqui julgar. No entanto, sabemos que tais espíritos muitas vezes se entregam às emoções sem avaliarem as consequências de suas atitudes. Muitos deles foram "empregados" de um determinado espírito legionário e temem ser descobertos e capturados pelo ex-líder. Por esse motivo, peço-lhe encarecidamente que vigie os passos desses companheiros e, quando possível, evite que voltem ao local de origem, pois, se assim procederem, retardarão ainda mais a própria melhoria. Com relação a

Heber e Lutero, cuide para que não sejam envolvidos pelas vibrações inferiores e perturbações de antigos desafetos, gerando desequilíbrios que podem dificultar sua harmonização energética. Tenho uma missão especial com eles e necessito muito de sua redobrada vigilância. Qualquer problema, eu estarei por perto.

Ivan, já familiarizado com a maneira séria que Elias trabalhava, fez um gesto com a cabeça, demonstrando ter entendido as instruções passadas pelo benfeitor e despediu-se dele, com a simpatia de sempre.

Retornando a sua casa, Elias seguia pensativo. Estava feliz por ter conseguido resgatar Heber e os outros, mas um tanto apreensivo por não ter tido a mesma sorte com Claudette e Félix. Sentia que com eles tudo seria mais difícil e teria de contar com a colaboração afetuosa de outros companheiros.

Mas, como todo bom cristão, apesar das dificuldades que antevia, mantinha acesa a chama da fé em seu coração. Acreditava no poder supremo de Deus e na bondade infalível de nosso Mestre Jesus, principalmente nas situações que fugiam ao seu controle. Tinha consciência de que, quando isso acontecia, era justamente o momento de depositar toda a confiança no Mais Alto, que certamente iria inspirá-lo a tomar a melhor atitude.

Entrou na sua modesta residência e foi logo abraçado por Cristal, que o esperava, ansiosa, para receber notícias de seu amado:

- Amigo querido, como foi a missão? Conseguiu localizar Heber?

- Calma, minha querida - aduziu o companheiro. - Deu tudo certo ou quase tudo. Eu e Clara resgatamos Heber, seu amigo Lutero e mais alguns irmãos infelizes, que desejaram o auxílio.

Após os primeiros esclarecimentos, Elias completou entristecido:

- Contudo, não tivemos o mesmo êxito com a sua irmã Claudette e com Félix, que se recusaram a sequer ouvir nossas palavras. Estão envolvidos por energias tão duras de vingança e de ódio, que não escutaram o que eu e Clara dissemos, ficando apenas paralisados ante a nossa presença.

- Nossa, eu não sabia que o estado deles era tão grave assim! - comentou, em tom de surpresa, a bela jovem. - Mas, fale-me de Brutus ou... Heber? Estou tão confusa sobre o nome que devo usar para chamá-lo...

- É normal que isso aconteça. Na verdade, com o passar do tempo, nomes serão apenas um detalhe. Mas creio que, por enquanto, será melhor chamá-lo pelo nome que adotou na última existência, para não confundir ainda mais as emoções do nosso ex-cavaleiro - esclareceu o interpelado.

Satisfeita com a explicação, Cristal não segurou a curiosidade e indagou:

- Quando poderei vê-lo?

- Dentro de dois dias voltarei ao Posto de Socorro, onde os deixei para um rápido tratamento. Se quiser, poderá me acompanhar!

- Jura? Não vejo a hora de esse dia chegar - disse Cristal, apertando o rosto de Elias e beijando-lhe a face, tal como uma filha que, carinhosamente, acaricia o pai.

O benfeitor ruborizou-se com o gesto inusitado, demonstrando extrema felicidade ao ver sua tutelada em momento tão alegre.

Passaram-se os dois dias e Elias e Cristal chegaram ao Posto de Socorro para visitar os assistidos. Ambos foram calorosamente recebidos por Ivan, que, após os devidos cumprimentos, adiantou-se, comentando:

- Elias, está tudo bem com os nossos irmãos. Os homens que eram "escravos" agora se sentem melhor e não estão mais tão suscetíveis às vibrações menos felizes. Quanto a Lutero, ele se transformou sensivelmente. Anda refletindo sobre suas atitudes e conversando bastante sobre a Doutrina Espírita com os voluntários da casa, a fim de entender melhor o que aprendera quando "trabalhava" nas regiões inferiores. Heber, porém, preocupa-me. Anda cabisbaixo, triste e não quer se aproximar nem interagir com os outros. Diz se sentir fraco e quase não se levanta do leito. Entregou-se a uma espécie de letargia, que não o deixa participar de nenhuma atividade edificante. Diz não merecer a condição de hóspede desta casa.

Elias e Cristal entreolharam-se um pouco decepcionados. Todavia, o benfeitor logo modificou os pensamentos e indagou ao anfitrião:

– Ivan, poderia nos levar ao leito de Heber?

Assim, os três entraram no grande corredor que conduzia ao quarto. Bateram à porta e ingressaram no recinto, devagar. O paciente abriu os olhos e enxergou o benfeitor espiritual, o qual lhe dirigiu a palavra, em tom paternal:

– Como anda a saúde, Heber? Sente-se melhor?

O doente, forçando um sorriso nos lábios para não desapontar o seu mais novo amigo, respondeu:

– Recuperando-me aos poucos, meu irmão. Ando fraco e sem ânimo para prosseguir. Parece que fui acometido de um mal incurável ou de uma depressão...

Antes que pudesse continuar as queixas, olhou ao redor e viu aquela figura jovial, de rosto esplendoroso e de fulgurantes olhos azuis, que o contemplava, embevecida.

Percebendo que o casal tinha muito para conversar, Elias e Ivan se afastaram um pouco.

Heber ficou radiante! Uma onda de felicidade lhe invadiu a alma, que tanto sofria! Era ela, sua doce Joana! Estava mais linda do que nunca! Contudo, ele sentia que era traído pela própria emoção! Não conseguia expressar uma só palavra!

Cristal, que sabia da perturbação de Heber e já instruída por Elias, apresentou-se a ele com a mesma fisionomia de sua última existência, para evitar confundir-lhe ainda mais as emoções.

Contente e muito emocionada, a ex-princesa abraçou o seu amado, que também a apertou de encontro ao peito e, inebriados de saudade, ambos foram dominados por uma emoção que só o verdadeiro amor é capaz de proporcionar.

capítulo quinze

Esperança e renovação

Observando a cena romântica que se fizera naquele quarto de hospital, Elias e Ivan foram sensivelmente tocados. Sabiam que Heber apenas se recuperaria se encontrasse uma razão para tal. Cristal era sua salvação.

Heber não conseguia parar de contemplar sua amada. Quanto tempo havia se passado desde que vira Joana pela última vez? Não saberia precisar.

Passado o primeiro impacto do sublime reencontro, Elias, dirigindo-se a ambos, asseverou:

– Agradeçamos ao Pai Maior esta grande oportunidade de renovação e de esperança num porvir cheio de luz e de alegria! Que os amigos espirituais possam continuar nos auxiliando nesta tarefa bendita de reajuste e de acerto de contas. Sabemos que, ao lograrmos o êxito esperado, estaremos libertos das energias inferiores e, assim, alçaremos voos mais altos, em direção à nossa evolução moral!

O casal permanecia em êxtase. No entanto, tinham plena consciência da responsabilidade que carregavam consigo a partir daquele momento. Não seria fácil reunir todos os envolvidos na triste história de Brutus, principalmente com relação a Félix e Claudette, que ainda estavam sob o domínio do ódio e do rancor.

Elias, conseguindo identificar os pensamentos de seus tutelados, advertiu-os, solícito:

- Meus filhos, acalmem o coração. Ainda há muito trabalho, mas sabemos que reunimos todas as condições de sairmos vitoriosos desta tarefa. É só mantermos os nossos pensamentos elevados e a fé em nosso Criador.

E, procurando Ivan com o olhar, suplicou ao amigo:

- Ivan, solicite aos médicos de plantão que venham examinar Lutero e Heber e informem sobre a possibilidade de conceder-lhes alta ambulatorial até amanhã. Tenho planos de abrigá-los em minha casa, com Cristal.

O trabalhador atendeu de pronto e se retirou do recinto.

Elias, voltando-se para o casal, determinou:

– Cristal, minha filha, já chegou nossa hora. Temos de regressar ao lar para arrumarmos os quartos de hóspedes e receber os nossos amigos com bastante alegria e conforto! Heber, peço apenas que tenha um pouco mais de paciência, pois se você se comportar, creio que amanhã retornaremos para buscar você e Lutero. Fique com Deus.

Cristal beijou seu amado na testa, em um gesto de extrema ternura. Heber, por sua vez, estava embevecido e feliz, como havia muito tempo não se sentia. Entendeu que sua amada fora a sua esposa de outrora, Cristal. E, sozinho, permaneceu refletindo em tudo o que havia acontecido com ele até aquele momento.

Na manhã seguinte, Elias e Cristal retornaram ao Posto de Socorro e ficaram contentes ao saber da milagrosa recuperação de Heber, que deixou o estado apático em que estava e recuperou a vontade de viver. Lutero, por sua vez, estava sereno e cada vez mais interessado em aprofundar os seus conhecimentos sobre o Espiritismo.

Ambos haviam obtido alta médica e, com Elias e Cristal, partiram para o lar do benfeitor.

Lá chegando, Heber e Lutero entraram na singela casa e, de pronto, notaram a paz e a energia salutar que lá circulava, completamente diferente do local pesado que estavam habituados a frequentar.

Cristal providenciou um caldo energético para todos e, enquanto tomavam a refeição, Elias começou a narrar um pouco da missão que todos teriam a partir de então, com o objetivo de se libertarem de qualquer vínculo de ordem inferior e prosseguirem rumo à felicidade.

Depois de longa palestra, durante a qual o paternal benfeitor expôs toda a história do cavaleiro Brutus e tudo o que havia acontecido após a desencarnação dele e de Cristal, todos se recolheram para o merecido descanso. O dia seguinte seria cheio de tarefas e todos deveriam haurir forças para concretizá-las.

O dia raiou com um sol maravilhoso e os pássaros saudavam o novo amanhecer, com canções belas e suaves. Elias já havia se levantado, e Cristal o acompanhou na caminhada matinal, oportunidade em que tiveram uma longa conversa sobre como deveriam proceder para efetivar o resgate de Félix e de Claudette.

Retornando ao lar, encontraram os dois convalescentes em palestra saudável e edificante, prontos para receber as instruções do benfeitor para executarem a missão que lhes seria delegada.

Elias, agora mais sério, dirigiu-se a todos os presentes em tom grave:

– Cristal, Heber e Lutero: quero que saibam que estou muito satisfeito em vê-los reunidos em minha casa a fim de contribuírem para uma tarefa tão difícil e, ao mesmo tempo, gratificante, para todos nós. Sabemos que Félix e Claudette não são irmãos criminosos! Antes de tudo, é necessário que tenhamos consciência de que nossos companheiros sentem-se vítimas da vida e esquecidos de Deus. Por essa razão, cometem equívocos que jamais devemos julgar, uma vez que desconhecemos, por misericórdia divina, os erros gravíssimos que um dia também cometemos. Independentemente do desfecho desta história e do que vamos descobrir, saibam que Deus e Jesus jamais desamparam quem quer que seja e nunca condenariam ninguém a penas perpétuas. Assim, não seremos nós, tão imperfeitos quanto os nossos irmãos, que o faremos.

Um silêncio se fez. Elias observou os tutelados e, após breve pausa, prosseguiu:

– Lutero, meu irmão, a primeira tarefa será sua. Na qualidade de capataz fiel a Félix por tantos anos, creio que só você seja capaz de convencê-lo a desistir de seus planos de vingança. Mas também sei que, sozinho, você ficaria muito vulnerável e talvez duvidasse de seu potencial. Por esse motivo, tenho uma surpresa.

Diante dos olhos curiosos de todos os presentes, uma entidade feminina, portadora de muita luz, entrou na casa de Elias. Heber, em contrapartida, era o mais surpreso de todos: aquela mulher lhe era muito familiar... Aquele sorriso...

Não tinha mais dúvidas: a entidade que ali estava era Clarice, sua esposa na última encarnação

Percebendo a reação de Heber, Elias se adiantou e prosseguiu:

– Queridos companheiros, eis aqui nossa irmã Christine, que fora a filha de Félix, em encarnação passada. Na última existência, conviveu com nosso companheiro Heber, como a sua abnegada esposa Clarice. Juntos, tiveram a chance de reequilibrar a relação tumultuada que criaram, quando Heber, na qualidade de Brutus, poupou a sua vida, mas a desonrou, deixando-a infeliz e jogada à própria sorte.

Heber estava estupefato! Clarice era, então, a sofrida Christine! Agora tudo fazia sentido...

Cristal, mesmo já sabendo de tudo, não conteve a emoção e a abraçou fortemente, derramando lágrimas de gratidão e de arrependimento, principalmente por tê-la separado de seu filhinho querido, pois nada fez para impedir que ela fosse injustamente para a prisão no dia de seu casamento com Brutus!

Christine, como preferia ser identificada no plano espiritual, percebeu o arrependimento de Cristal e falou com extrema lucidez:

– Minha irmã, por favor, não chore mais. O que fizemos no passado não tem mais volta e não merece o nosso sofrimento novamente. Não devemos lamentar o que já passou e sim construir um futuro melhor, libertando nosso coração de erros e angústias. Se me separou de meu filho, foi porque mereci. Não se esqueça de que ajudei Claudette a prejudicá-la devido à minha ignorância! Não se preocupe, não tenho do que perdoá-la. Também sou devedora e estou aqui para saldar minhas dívidas, assim como todos vocês.

E, dirigindo-se especialmente a Heber, prosseguiu:

– Irmão querido, não precisa ficar envergonhado de sua conduta enquanto foi meu marido! Nós tivemos a chance de harmonizar as energias do passado e agora não temos mais mágoas um do outro. O perdão recíproco nos ajudou muito e hoje podemos nos considerar verdadeiros amigos! Saiba que estou muito feliz por você ter reencontrado Cristal, a quem verdadeiramente ama. É assim que deve ser. Eu ficarei plenamente feliz se conseguir trazer o meu pai para a realidade da vida, para o bem e para o amor. No fundo, ele é uma boa pessoa e tenho esperança de conseguir concluir essa tarefa ao lado de Lutero, a quem sempre admirei!

O ex-capataz, que estava quieto, ao ouvir as palavras de Christine, ficou profundamente tocado. Ninguém havia falado dele assim, com tanto carinho.

Elias, retomando a palavra, orientou os dois companheiros acerca de como proceder em relação a Félix, deixando alguns bons alvitres:

– Meus irmãos, primeiramente saibam que não estão sozinhos. Nós ficaremos aqui, vibrando por vocês. Designei um amigo, servidor da crosta, para guiá-los até Félix. Chegando lá, continuem mantendo as vibrações positivas de amor, pois só assim serão camuflados por uma luz intensa que vai deixá-los invisíveis aos espíritos que ali residem. Eles terão dificuldade em identificar-lhes a presença, facilitando o acesso a Félix. Lembrem-se sempre de Jesus e mantenham acesa a chama da fé em qualquer circunstância. Não duvidem do poder de Deus e estaremos com vocês, em pensamento e em oração.

Após as despedidas, Lutero e Christine partiram para a crosta, enquanto Elias, Cristal e Heber aguardaram, ansiosamente, a conclusão do resgate do poderoso Félix.

capítulo dezesseis

O AMOR TRANSFORMA

LUTERO E CHRISTINE ESTAVAM UM POUCO RECEOSOS, POIS não sabiam o que poderiam encontrar novamente na região das sombras, onde Félix residia. No entanto, conservaram no coração a fé e a certeza de que Deus estava ao lado deles.

Os dois espíritos foram conduzidos a um local bem próximo do lar de Félix por um abnegado trabalhador samaritano[6], muito simpático, que fora especialmente destacado por Elias para que a viagem pudesse ser o mais confortável possível.

---

6. Samaritano é o nome que se dá a determinado grupo de trabalhadores socorristas que residem no plano espiritual, próximo à crosta, com a finalidade de auxiliar o desenlace e transporte dos espíritos recém-desencarnados na Terra (NAE).

Lutero e a filha de Félix finalmente chegaram próximo à residência do líder espiritual mais temido das redondezas. O ex-capataz, percebendo a extrema vigilância do lugar, obtemperou:

– Christine, eu devo ingressar no reino de Félix sozinho. Eu e ele precisamos conversar a sós e temo que a sua presença, ao menos neste momento, possa atrapalhar os nossos planos e provocar uma revolta ainda maior. Se concordar, prefiro que permaneça por aqui e que só entre na região se sentir que deve fazê-lo.

A interpelada ouviu com respeito as instruções do parceiro e, obediente, considerou:

– Creio que tem razão. Meu pai é muito ignorante e rude, vendo-nos entrando juntos, poderia achar que você traiu a sua honra e juraria vingança! Isso é tudo o que não queremos, não é verdade? Ficarei aqui em oração e prometo que apenas aparecerei se sentir que necessita de minha ajuda.

Lutero, com um gesto inusitado, tomou-lhe as mãos delicadas e beijou-as, olhando profundamente nos olhos da bela mulher. Ela, por sua vez, correspondera-lhe o afeto, beijando também as mãos dele, desejando-lhe sorte. E, assim, despediram-se, confiantes em Deus.

O ex-capataz elevou os seus pensamentos e começou a entrar no reino de sombras. Percebia que os espíritos que lá transitavam não registraram a sua presença, assim como Elias havia dito. Confiante e determinado, Lutero prosseguiu o trajeto sem temer Félix, o qual enxergava como um espírito frágil e cansado de praticar maldades.

Conforme se aproximava da residência do líder, relembrava de toda a sua trajetória naquele local e se arrependia muito de ter praticado o mal, usando a mente de espíritos fragilizados. Sabia que teria muito a ajudar se soubesse utilizar seus conhecimentos para o bem. Mas estava consciente de que lamentações não acrescentariam nada, apenas atrapalhariam. Deveria pensar no futuro, que já estava programado, com a finalidade precípua de auxílio ao próximo.

Foi tirado repentinamente de suas divagações quando percebeu que estava diante da residência do antigo patrão.

Respirou profundamente e orou. Pediu ao Plano Superior que o inspirasse com as palavras certas e que proporcionasse sustentação àquele reencontro tão esperado. Sentiu que uma força e uma fé se apossavam de seu coração, como resposta eficaz às suas rogativas e, naquele instante, pôde ver o rosto do nobre benfeitor Elias, que sorria e dizia:

– Vai, meu irmão, cumpra o destino a que está fadado! Auxilie com amor e resignação! Utilize em seu benefício o dom da palavra para convencer o nosso irmão a se entregar ao bem e ao amor! Estamos com você, rogando bênçãos ao Pai.

Diante da constatação de que, quando pedimos ao céu, ele nos ajuda, Lutero bateu à porta da grande fortaleza.

Aguardou resposta, mas nenhum movimento se fez no local. Será que Félix não estava lá?

Antes que pudesse concluir o raciocínio, viu uma grande sombra à sua frente e sentiu que um golpe fora dado com muita força em suas costas. O ex-empregado caiu, desacordado.

Passadas algumas horas, Lutero, sentindo fortes dores de cabeça, conseguiu abrir os olhos. Verificou que ao seu redor não havia ninguém e percebeu que estava amarrado com cordas muito fortes. Lembrou que sofrera um golpe certeiro e que deveria ter perdido a consciência. Afinal, o que teria acontecido? Tinha certeza de que fora Félix o autor de tal disparate.

Não demorou muito, ouviu passos apressados se aproximarem do local onde estava. Em poucos instantes, surgiu, à sua frente, a figura do temido líder das sombras, que se encarregou de quebrar o silêncio, em tom irônico:

– Ora, ora, o bom filho à casa torna! Cansou de brincar de servo de Brutus? Agora valoriza o que tinha e o que deixou para trás? Quer o meu perdão e com isso voltar a prestar serviços para mim, em troca de sua liberdade?

Lutero respirou calmamente e respondeu:

– Félix, não estou aqui para pedir que me deixe voltar. Vim para conversarmos de forma séria e civilizada, a fim de resolvermos quaisquer pendências que possam existir entre nós.

O líder, escutando tais palavras, não segurou o sarcasmo e proferiu muitas gargalhadas. Após se conter, replicou urrando:

– O que quer, rapaz? Não estou para brincadeiras! Seu traidor, voltou novamente para o lado de Brutus! Quando desencarnou, socorri-o e lhe dei tudo do melhor. Era o meu principal servo e tinha regalias. Mesmo assim, não pensou duas vezes quando avistou o seu "ex-chefe"! O que ganhou voltando a prestar serviços para Brutus? A minha eterna raiva e o meu eterno desprezo! Agora é meu prisioneiro e será julgado e condenado no meu Tribunal às mais duras penas de torturas!

O ex-servo, diante de tal comportamento, manteve os pensamentos elevados e a serenidade exposta em seu semblante. Rogou inspiração ao Mais Alto e recebeu uma intuição para retirar, sozinho, as cordas que o prendiam. Com o pensamento firme, conseguiu se desprender delas e se levantou.

Colocou-se diante de Félix, que estava sem entender como ele havia feito aquilo, e começou a tentar doutriná-lo:

– Félix, não vim para a guerra, mas sim para a paz. Sou grato por tudo o que fez por mim, mesmo sabendo que o fez por vingança a Brutus, para um dia me exibir para ele como um troféu roubado! Saiba, porém, que não o odeio, ao contrário, todos os anos que aqui passei foram muito úteis para conhecê-lo melhor e perceber que você, em essência, não é o personagem que criou. Este homem vingativo e cruel, como se apresenta, é apenas um meio de defesa que você utiliza para não mais sofrer! Sei que, acima de tudo, é pai! Era dono de uma vila, cujo povo você considerava como seus próprios filhos! Não concordava com o império da época e se prejudicou muito por ter exposto a sua opinião! Não deve ter sido fácil ver um vilarejo todo em chamas, pessoas queridas morrendo e nada poder fazer para impedir. Entendo tudo o que passou e por que se tornou este homem frio e vingativo. A vida para você perdeu o sentido naquele incêndio e, principalmente, quando soube que Brutus havia lhe desonrado a única filha...

– Pare! – gritou Félix, enfurecido. – Quem é você para dizer quem sou? Você é incapaz de entender meu sofrimento! Você ajudou Brutus a destruir a minha vida! Eu nunca vou perdoá-los!

– O ódio e o desejo de vingança conseguiram apagar as duras lembranças que até hoje lhe consomem o espírito? – indagou Lutero, que, vislumbrando a possibilidade de convencer o ex-líder, prosseguiu: – Meu amigo, pelo contrário, esses sentimentos só contribuíram para conservar as más lembranças! O perdão é o único antídoto capaz de remover o veneno da mágoa e do rancor! É um homem admirável e de muitas qualidades. Quando vai perceber que ficar mergulhado neste local sombrio e movido por sentimentos tão inferiores só vai deixá-lo estagnado e incapaz de prosseguir em busca da paz?

Félix sentia-se exausto. As considerações de Lutero eram, de fato, reais. Não aguentava mais conduzir guerras e criar planos de vingança, que nunca se concretizavam. Queria mesmo era rever Christine e, intimamente, questionava: onde estaria sua filha querida? Desejava poder tocar em seu rosto, como fazia quando ela era criança.

Envolvido pela lembrança da filha amada, Félix se entregou à emoção e chorou. Lágrimas grossas de arrependimento corriam pela sua face, abundantemente, traduzindo todos os seus conflitos e angústias.

Lutero, que também chorava copiosamente, aproximou-se dele e sussurrou:

– Félix, e se eu lhe dissesse que a sua filha está bem?

A criatura infeliz que, inutilmente, tentava conter as lágrimas, volveu o olhar a ele e indagou:

– Lutero, você sabe algo sobre Christine?

No momento em que o ex-servo se preparava para contar tudo, ambos foram ofuscados por uma luz imensa que invadiu o ambiente.

Félix tentou observar o rosto daquela entidade, mas não conseguiu identificar-lhe os traços. Já Lutero sabia que se tratava de Christine e resolveu sair da sala, deixando pai e filha a sós.

O líder, desconfiado, começou a gritar:

– Quem se aproxima de mim? Não me leve daqui! Não me castigue!

Christine, emocionada, acariciando levemente o rosto de Félix, exclamou:

– Papai!

Félix, profundamente tocado e reconhecendo a voz sublime da filha querida, abraçou-a fortemente e os dois deixaram-se levar pelo momento magnífico daquele reencontro tão esperado! As lágrimas emocionadas se misturavam e se prolongavam.

Passados alguns segundos, Félix, mais calmo, recompôs-se e dirigiu-se carinhosamente à filha, indagando:

– Christine, por onde esteve esse tempo todo? Minha filha, quantas saudades eu senti! Estive desesperado, sem saber por onde procurá-la! Que bom que me encontrou!

A jovem, por sua vez, sabia da tarefa que tinha sob a sua responsabilidade e, em tom sério, asseverou:

– Papai, muitas coisas aconteceram durante esses longos e amargos anos. Sabemos que tudo o que nos acometeu também foi causado por nossa ignorância e inferioridade. Ninguém sofre sem merecer e ninguém pode condenar a outrem, exceto se nunca tiver cometido nenhum deslize. E tenho certeza de que nós não nos enquadramos em tal situação. Eu vim com Lutero para lhe propor uma mudança de vida. Como o nobre amigo já lhe disse, mágoas e ódios não levam as pessoas para a frente; ao contrário, são responsáveis pelo atraso da criatura e pela demora em sua evolução moral. Creio que já teve a constatação de que tais ressentimentos não levam a nada, não é mesmo?

Félix assentiu com a cabeça. Christine, observando que o pai estava suscetível a aceitar sua proposta, prosseguiu:

– Então, papai, renove sua mente e seu espírito. Comece libertando todas as pessoas que escravizou e deixe que Lutero, que é bom orador, fale algumas palavras de consolo a esses espíritos ainda presos na sombra da ignorância. Após esse trabalho, tenho um convite: fique comigo e com alguns bons amigos, em um lugar diferente. O que acha?

Félix refletiu nas palavras da filha. Sabia que se continuasse levando aquela vida apenas se distanciaria dela e nada de bom conseguiria. Por outro lado, também estava cansado de tudo e queria se renovar. Pela primeira vez, depois de tudo o que passou naquela vila em sua existência passada, sentia amor. Um amor forte, renovador, que teria o poder de transformar sua vida. Pela sua filha faria qualquer coisa. E, assim, ele aceitou a oferta.

Chamou Lutero e mandou os servos se reunirem no seu "trono", pois teria algo muito importante a dizer. Todos obedeceram prontamente às ordens e se colocaram no salão. O grande líder, não mais com aquele semblante arrogante, agora com humildade, começou a palestra, dizendo:

– Companheiros de luta! Trago a vocês uma notícia que mudará para sempre a nossa vida: reencontrei minha filha Christine e vou embora com ela. Por essa razão, liberto a todos, para que possam buscar realmente o que lhes importa, sem necessidade de prestar mais nenhum tipo de serviço escravo. Descobri que não sou digno de nada e que não sou ninguém para escravizá-los! Até agora fui um homem fantasiado de poder e de força, porém, nunca passei de um ser frágil e triste! Não quero que tenham a mesma experiência ruim que tive. Vou deixar Lutero esclarecê-los sobre o que poderão fazer daqui para a frente e apenas deixo registrada a minha gratidão a todos e o meu pedido de perdão.

O povo se entreolhou espantado. Indagavam sobre o que teria acontecido com aquele homem cruel e frio de outrora. Mas isso era o que menos importava. O fato é que agora todos eram livres e poderiam escolher a melhor maneira de viver dali para a frente.

Lutero, emocionado, tomou a palavra e, inspirado por um ser superior, começou a falar, vibrante:

– Queridos irmãos em Cristo! É com louvor que lhes dirijo algumas singelas palavras! Hoje é um dia muito especial para todos nós! Nosso grande líder, Félix, foi agraciado pelo céu, que lhe proporcionou receber novamente a filha que estava perdida nos ventos da ilusão e da discórdia! Este é o maior exemplo de bondade de Deus, que, em sua infinita Misericórdia, proporciona aos seus filhos errantes, uma chance.

"Todos nós temos uma missão com nós mesmos: evoluir e progredir! Não podemos nos deixar levar pelo ódio, pela mágoa ou pelo sentimento de vingança, pois apenas nos distanciaremos cada vez mais da nossa felicidade. Vocês são livres, como sempre deveriam ter sido, mas alerto para que usem a liberdade em favor do bem e da paz! Transformem este lugar de sombras em um local iluminado pelos bons pensamentos e pelos mais nobres sentimentos. Que este recinto seja um farol destinado àqueles viajores que se encontram perdidos na solidão de sua alma. Os que desejarem permanecer com sentimentos menos felizes, estão livres. Herdarão este chão apenas os irmãos que quiserem se entregar a atitudes de renovação, de fé e de amor.

O palestrante se calou por alguns instantes e observou os ouvintes. Ninguém saiu do local e um deles gritou:

– Lutero, nós queremos ficar! Queremos a paz!

E uma salva de palmas tomou conta da plateia. Lutero, Félix e Christine estavam de mãos dadas, observando, regozijados, os irmãos que sorriam felizes.

A certa distância, discretamente, estava Elias, que a tudo observava com muita alegria. Aguardava o momento certo de convidar seus protegidos para o retorno ao lar.

capítulo dezessete

Reconciliação e perdão

Após uma prolongada festividade de todos os presentes, Lutero, docemente, convidou Félix e Christine para se encontrarem com Elias, que já os aguardava do lado de fora.

Félix, um pouco hesitante e desconfiado, acompanhou o ex-empregado, mas mantinha-se sempre próximo à sua filha. Ambos se aproximaram de Elias, que caminhava ao encontro deles, e que sempre tinha as palavras certas para confortar o coração de todos:

– Queridos companheiros, que Deus os abençoe! Estamos todos muito alegres pela aceitação de nosso irmão Félix ao convite misericordioso de Jesus, que se resume na renovação moral e no recomeço. O homem carrega em seu espírito uma condição ímpar de adaptação a situações novas, e tenho certeza de que nosso querido Félix logo vai se habituar com seu novo estado de espírito!

Eles se entreolharam, concordando com o nobre benfeitor. Félix esboçou um sorriso acanhado e seguiu com todos na esperança de superar as suas más tendências e encontrar a paz que tanto buscava.

Os quatro amigos seguiram viagem e chegaram à casa do orientador. Cristal e Heber, ao ouvirem os passos dos companheiros, logo se colocaram à porta da residência, a fim de recebê-los com amor. Heber estava um pouco temeroso por reencontrar Félix, mas Cristal o acalmou, dizendo em tom sereno:

– Heber, meu amor! Não há razão para esse medo e ansiedade por estar novamente diante de seu antigo desafeto! Perceba que Jesus nos abençoa com a oportunidade do perdão recíproco e da harmonização de energias ruins que se espalharam durante estes longos anos. Agradeçamos ao Senhor da Vida a possibilidade de renovação e paz. Pedir perdão não é motivo de vergonha, mas sim de alegria. Ser perdoado é uma dádiva, um alento para a alma daquele que praticou a ação menos feliz, pois, com o perdão, poderá se libertar de pesados sentimentos e se engajar em sua própria melhoria.

As palavras da amada caíram como um bálsamo na alma de Heber. Em seu íntimo, ele sabia que prejudicara Félix com sua atitude cruel e egoísta.

Mas sua companheira fez com que ele percebesse que tudo podia ser diferente, se ele soubesse aproveitar a grande oportunidade da reconciliação com a atitude nobre do perdão.

Minutos após esse breve diálogo, os viajores entraram no lar de Elias.

Heber manteve-se acabrunhado e Félix estava bastante inseguro. Quando Elias chegou, notou que os dois antigos inimigos se encaravam, intimidados. Percebeu que aquele seria o momento do grande acerto de contas e, com um breve sinal feito com o olhar, pediu amorosamente para que Lutero, Cristal e Christine se retirassem da sala, onde ele iria permanecer, caso as duas entidades precisassem de seu generoso auxílio.

Por um lapso temporal, Félix e Heber apenas se observaram, silenciosamente. Contudo, Heber não aguentava mais ficar calado e resolveu dar o primeiro passo, dirigindo-se a Félix, pacificamente:

– Félix, eu sei o que deve estar sentindo. Estou muito angustiado pelo que fiz a você e a todos aqueles a quem protegia em sua vila. Eu era ignorante e orgulhoso, só pensava no poder e na riqueza. Hoje me arrependo muito de tudo isso e pago um preço caro por carregar esta culpa que me assola o peito e me faz recordar toda minha crueldade, incessantemente.

Após breve pausa, prosseguiu:

– Sei que não sou digno de seu perdão, pois o que fiz foi realmente imperdoável, mas peço, ao menos, que procure entender que sofro todos os instantes na prisão de minha consciência culpada.

Lágrimas rolavam pela face do ex-cavaleiro. Desabafava e sentia que melhorava a cada palavra dirigida a Félix. Este, por sua vez, mantinha-se impassível e quieto, como a meditar na profundidade do que estava ouvindo e vendo.

Elias, que se mantinha em oração, pedia ao Mais Alto que interviesse e tocasse o coração de Félix, pois o momento que ora protagonizava era precioso para resgatar um passado dolorido e, quem sabe, poder acender a luz da esperança de um futuro renovador.

Félix, olhando para seu inimigo, naquele estado perturbador, pela primeira vez, sentiu compaixão. Lembrou-se de que também não tinha sido um exemplo de bondade, pois sempre conservara em seu coração o desejo de vingança e um ódio estarrecedor. Quando sequestrou Heber, no momento de sua desencarnação, o fez covardemente, aproveitando-se do véu do esquecimento para fazer o inimigo sofrer ainda mais.

Diante de tal atitude, seria correto conservar-se ainda na posição da vítima que reclama justiça? De que maneira ele foi justo com aquele a quem agrediu e prejudicou?

Concluiu que não tinha condições de reclamar de nada, uma vez que se igualou ao seu desafeto, quando dele se aproveitou e se vingou.

Consciente de tudo, Félix resolveu se manifestar e, erguendo a fronte, para possibilitar que o inimigo o olhasse nos olhos, começou a falar em tom grave:

– Brutus, o que fez a mim e aos meus não vai se modificar. O passado está selado e acabado. Não estaria sendo honesto comigo mesmo se lhe dissesse que me esqueci de tudo! Entretanto, quero que saiba que se foi ruim comigo, também não fui muito diferente contigo. Raptei o seu mais querido empregado e amigo e fiz dele o meu melhor servo. Depois, procurei-o e o encontrei, mesmo com nova identidade, quase perto de sua desencarnação. Vigiei-lhe os passos e, na primeira oportunidade, raptei-o e me vinguei de você. Só não foi pior porque você foi salvo por emissários do Senhor, que o acolheram e o esconderam de minha visão. Ainda o estaria perseguindo se não fosse a aparição de minha filha querida, a me alegrar a alma e me trazer de volta a vida que perdi, desde o momento em que ela desapareceu e, principalmente, quando eu soube que ela fora injustamente ultrajada por seus ímpetos masculinos!

A voz de Félix estava embargada e as lágrimas rompiam em seus olhos, como se uma explosão de sentimentos estivesse tomando conta de seu âmago e o libertando de todas as mazelas que estavam acumuladas em seu íntimo, tais como: a mágoa, o rancor e o ódio.

Recuperou-se e, mais calmo, prosseguiu:

– Como vê, também sofro com os acontecimentos infelizes que nos acometeram durante esses anos de angústias e tristezas.

Heber estava profundamente emocionado. Não esperava que o seu antigo inimigo também nutrisse sentimentos semelhantes aos seus. No fundo, sempre invejou a coragem e a força de Félix, pois nunca foi forte realmente e na verdade não passava de um covarde em busca de prestígio e honra, acobertado pelo manto do poder e da glória.

Convencido de que aquela era a sua grande oportunidade de reconciliar-se com o seu desafeto, aproximou-se dele e, fitando-o de cima a baixo, rogou-lhe, dramático:

– Félix, sempre quis ser como você. Eu o admirava muito e sofria por conta disso. Sabia que era melhor do que eu e nunca admiti. Sentia raiva por identificar que você tinha a coragem que eu nunca tive; a força que eu desejava e a família que eu nunca construí. Perdoe-me a inveja e a ignorância de minha ilusão. Não quero mais continuar com essa situação de combate e de competição entre nós. Sofro por mim e por você, por essa razão tenha piedade de um homem pobre e fraco! Liberte-me de mim mesmo, assim, quem sabe, conseguirei recomeçar!

As palavras de Heber estavam imbuídas de uma emoção indefinível.

Elias, sentindo que aquele era o momento certo de intervir, dirigiu o olhar aos dois homens e falou:

– Queridos companheiros, desculpe a intromissão, mas creio que devo esclarecê-los acerca de algumas verdades. O que está acontecendo entre vocês dois, neste momento, é algo único. Ambos estão colocando para fora todas as mágoas e rancores que estavam guardando e buscam, um no outro, o perdão libertador. Saibam que a vida segue o seu curso e que o progresso é inevitável. O tempo que levaremos para melhorar a nossa condição moral é atributo de cada um. Mas sabemos que mais cedo ou mais tarde, as situações pendentes retornarão ao nosso círculo de acontecimentos e podem até mesmo agravar-se, conforme nossas atitudes. Assim, caros irmãos, o perdão, além de trazer de volta a liberdade, é uma atitude inteligente, pois só ele é capaz de romper as correntes que nos unem aos nossos ofensores, fazendo com que alcancemos a tão sonhada paz. Já dizia um sábio espírito elevado[7] que *ninguém*

7. Palavras do médium Francisco Cândido Xavier (NAE).

pode voltar atrás e fazer um novo começo, mas qualquer um pode recomeçar e fazer um novo fim.

Elias terminou sua breve palestra e percebeu que os dois inimigos do passado choravam e refletiam no que ouviram.

Depois de breves momentos, Félix tomou a palavra:

– Brutus, sinta-se perdoado. Não tenho moral para julgar seus atos, pois também cometi erros atrozes. Creio que a maneira mais saudável de sairmos desta situação é a concessão do perdão recíproco e a união em prol de nossa própria melhoria. Quero me tornar um homem verdadeiramente digno da confiança de minha filha, a quem tanto amo.

Heber estava aliviado! Aproximou-se mais de Félix e indagou:

– Félix, será que posso ousar apertar a sua mão? Tal gesto significará o início de uma amizade...

O outro, com ar distante, retrucou:

– Não creio ser uma boa opção.

Heber, entristeceu-se, pois entendeu que o ex-desafeto ainda não nutria amizade por ele, e já ia se retirando quando o ouviu gritar:

– Ei, Brutus, calma! Você não me deixou terminar! Aperto de mão é para colegas... Abraço é para amigos!

E abriu os fortes braços para Heber, que correspondeu com lágrimas copiosas de felicidade e gratidão.

Christine e Lutero, que observavam a cena, felizes, olharam um para o outro e também se abraçaram fortemente. Naquele instante, sentiam seu coração tocado pela energia terna que só o amor é capaz de promover. Nascia entre eles um romance sincero e verdadeiro.

Cristal e Elias permaneceram observando a todos, e o orientador agradecia intimamente ao Pai, que, na sua Divina Providência, já começava a desenhar um novo programa para essa história de vida.

Cristal, por sua vez, tinha consciência de que a missão ainda estava incompleta. Faltava Claudette, que também deveria ser resgatada e trazida ao concurso do bem, para que, assim, todas as personagens envolvidas nesta mesma encarnação de erros pudessem, novamente, ter a grande oportunidade de recomeçar.

capítulo dezoito

Oportunidade renovada

Claudette estava demasiadamente perdida em seus próprios devaneios. Vagava sem rumo, inutilmente, sem nenhuma perspectiva de melhora, e carregava na alma o peso do veneno mortal do rancor e do ressentimento.

Não queria mais pensar na última cena de sua existência material, que continuava viva em sua memória, como se nunca tivesse terminado.

No fundo, arrependia-se pela atitude impensada e jamais poderia imaginar que viveria, após atravessar para sempre o portal da morte.

O que ganhara inventando o crime hediondo que simulou, pela mente maquiavélica que detinha?

Apenas dor e sofrimento. Era capaz de sentir ainda o gosto amargo da substância venenosa que tomara, a fim de incriminar a própria irmã e separá-la para sempre de seu amor, que julgava ser o único culpado por todos os tormentos a que se entregara.

Sim, Brutus era o maior responsável pelo seu infortúnio. Se não sofresse a negativa de seu amor, tudo seria diferente. Quem ele pensava ser para rejeitá-la? Logo ela, que era a mulher mais sensual e atraente de todo aquele reino? O que a sua irmã tinha que o fizera se afastar dela?

Estava claro que Brutus a trocara por Cristal com o único intuito de herdar o trono e conseguir mais prestígio e poder. Ele deveria ter morrido em seu lugar. Isso sim seria justo.

Mas, agora, era tarde demais. Não havia mais tempo para arquitetar nenhum plano, pois estava ciente de que Cristal e Brutus já haviam se encontrado e estavam juntos, provavelmente rindo de sua decadência. Entretanto, a vingança era sua aliada e lhe dava forças para seguir, aguardando apenas o momento exato de atacá-los e separá-los por toda a eternidade.

Determinada a prejudicar ainda mais aqueles a quem julgava responsáveis pela sua infelicidade, Claudette seguia. No entanto, foi surpreendida por Elias, que, naquele instante, cruzou o seu caminho e parou à sua frente.

De semblante sereno e apaziguador, o nobre amigo convidou Claudette a uma palestra, começando a falar tranquilamente:

– Claudette, minha filha, muito me alegra encontrá-la perambulando por esta estrada. Embora a sua aparência não seja das melhores, suponho que conseguiu superar a letargia que o veneno lhe proporcionou. Como se sente agora?

A interpelada, muito insatisfeita com a presença do benfeitor, respondeu à pergunta a contragosto:

– Estou, como vê, perdida e doente.

O querido benfeitor, não se deixando abater ou intimidar, permaneceu sereno e prosseguiu:

– Ora, Claudette, você deveria se animar! Afinal, pouco tempo atrás você não conseguia sequer se levantar do chão! Agora já pode caminhar sozinha e, pelo que vejo, também já tem facilidade para prosseguir em seus desejos de vingança, acertei?

Um pouco surpresa com o tom estranho usado pelo interlocutor, retrucou:

– Não sei quem é, mas não gosto de você nem da maneira com a qual se dirige a mim. Não devo satisfações acerca do que penso e do que quero. Saia da minha frente e deixe-me prosseguir em meu caminho de sombra e angústia.

Elias, que não aceitava as provocações da jovem, permaneceu na mesma posição em que se encontrava e, com um largo sorriso nos lábios, fez um gesto e apontou para a frente, indicando a presença de Heber, que se aproximava dos dois.

Claudette, estarrecida, teve ímpetos de correr, mas uma força inexplicável não deixava. Desde a última vez que o vira, desejou estar novamente diante dele e, agora que o seu desejo havia sido atendido, não sabia o que fazer!

Elias, aproveitando o momento de fraqueza ao qual Claudette se entregara, começou a doutrinação elucidativa:

– Irmã, eu compreendo o que você deve estar sentindo. Acha que a vida foi injusta, pois você dedicou todo o seu amor a um homem que não foi capaz de lhe corresponder aos desejos mais íntimos. Ser trocada pela sua irmã foi uma afronta moral muito grande para o seu espírito, que, ainda infantil, não é capaz de compreender que o amor é livre e que dele não podemos esperar nada em troca. Amar é deixar o outro ter a liberdade de escolha e não querer aprisioná-lo à sua vontade. Se esta não é a sua conduta em relação a este homem que aqui se encontra, digo-lhe que não o ama, mas sim, que tem por ele um sentimento egoísta de posse. Não somos donos de outros espíritos e não seremos propriedade de quem quer que seja. Todos os homens foram criados por Deus com a sua própria individualidade;

assim, ninguém tem o direito de violar algo tão sagrado! Temos de entender que cada um de nós é único e que somos um elo nessa corrente divina da vida. Ligamo-nos uns aos outros pela afinidade; caminhamos em grupos, mas não podemos nos julgar proprietários de qualquer companheiro que caminha conosco. Não conseguimos ainda nem dominar nossos próprios instintos, como ter a pretensão de domínio sobre o nosso próximo?

Heber e Claudette entreolhavam-se, envergonhados. Diante das palavras do mentor, não se atreviam a revidar e permaneciam calados, ouvindo as importantes considerações do amigo.

Elias, por sua vez, sabia que o momento crucial estava diante dele e teria de aproveitar ao máximo a grande oportunidade que tinha para promover a renovação mental de sua mais nova assistida.

Após breve pausa, continuou:

– Não podemos permanecer estacionados para sempre. A lei divina do progresso é inexorável e, mesmo compulsoriamente, somos constantemente convidados a reparar nossas faltas, assumir nossos débitos e mergulhar novamente na carne, para efetivo burilamento de nosso espírito. Aprendemos a teoria na vida espiritual, mas somente podemos colocar em prática o aprendizado adquirido na vida material. O planeta Terra é uma escola de aprendizado e nele somos compelidos a provar o que sabemos, tal como acontece nos educandários, onde os alunos são aprovados somente após concluírem as provas e obterem as notas mínimas para a desejada promoção. Por tudo isso, minha querida Claudette, estamos reunidos aqui, neste momento sublime de misericórdia divina. Somente com o perdão e a disposição para o recomeço vocês poderão harmonizar novamente esse amor doente e, finalmente, aprender a conviver com o respeito e a dignidade que tanto fizeram falta nesta última e triste existência que protagonizaram.

Claudette estava exausta. Não tinha mais forças para revidar, como noutros tempos. Sentia que cada vez que tinha vontade de responder, uma dor a assaltava e acabava vencida por ela. Dessa forma, com muito esforço, fixou Elias e, vacilante, proferiu algumas palavras:

– Se é um anjo de Deus, tenha piedade de uma pecadora. Não consigo mais viver nesta situação terrível em que me encontro. Preciso de tratamento, pois o veneno que ingeri, após corroer o meu corpo, agora também destrói lentamente o meu espírito. Por piedade, leve-me daqui!

E, após o apelo, Claudette caiu em sono profundo. Elias, que já esperava por isso, pediu ajuda a Heber para levar a irmã de Cristal até sua casa.

Finalmente conseguira reunir todos. Agora chegara o momento de renovar a oportunidade do aprendizado.

Elias, Heber e Claudette, que se mantinha desacordada, chegaram à residência do benfeitor. Cristal, Lutero, Félix e Christine se juntaram a eles, a fim de receberem instruções do amigo.

Clara, que também desejava prestar o necessário auxílio, também se fez presente. Todos aguardavam ansiosamente o despertar de Claudette, para que as últimas revelações de um passado sombrio e desajustado fossem ditas por ela.

Passaram-se algumas horas e Claudette despertou. Embora estivesse um pouco tonta com a situação, sentia-se mais consciente e serena.

Percebeu que todos estavam ao redor do leito em que descansava: Clara, Elias, Félix, Heber, Cristal, Lutero e Christine. Fitou a todos com olhar cabisbaixo e, após pedir permissão a Elias, começou a narrativa, demonstrando certo arrependimento:

– Eu juro que não queria fazer o que fiz! Fui dominada por uma paixão arrebatadora, que me cegou os olhos e me enlouqueceu a alma. Não consegui evitar o mal maior. Eu tinha de ter Brutus só para mim, não admitia a ideia de vê-lo ao lado de minha irmã, dividindo a fama, a glória e o poder com ela! Cristal, perdão! Eu lhe dei um remédio para dormir naquela noite fatídica! Manipulei tudo, sou uma infeliz! Aproveitei-me de sua inocência para condená-la para sempre à dúvida e ao arrependimento. Eu mesma a fiz adormecer e simulei um crime, cuja autoria queria que acreditasse ser sua. Mas saiba que não foi culpada! Eu lhe dei o sonífero e a levei para o meu quarto. Depois da discussão que tivemos naquela noite, sabia que seria fácil fazê-la acreditar que fora capaz de cometer aquele crime cruel! Eu tinha ciência de que você não se lembraria de nada, por essa razão coloquei o veneno mortal ao seu lado e o tomei, tirando a minha própria vida para acabar com a sua! Céus, quanta ignorância! Achava que se Brutus não fosse meu, não poderia ser de ninguém! Com o crime, você seria julgada e condenada e ele desconfiaria de você para sempre, como realmente aconteceu! Eu a procurei por longos anos e a reencontrei com uma aparência diferente! Mesmo assim resolvi acompanhá-la desde então e, após saber que você havia "morrido", continuei seguindo os seus passos e a vi perdida naquele vale sombrio. Foi quando gritei pelo nome que você atendia: Joana! Eu queria persegui-la e fazer perdurar a culpa em sua consciência. Todavia, você foi salva por esse anjo que a protegeu da minha ira e a resguardou dos meus planos vingativos!

Cristal estava estarrecida! Diante da confissão proferida pela irmã enlouquecida, sentiu verdadeiramente o alívio de não ter sujado as mãos com um crime tão infame! Apesar de tudo, não sentia ódio de Claudette, mas sim compaixão por uma alma tão infeliz.

Heber, por sua vez, admitia que, como Brutus, indiretamente fora culpado, pois alimentara os desejos da moça, sabendo que ela seria capaz de qualquer coisa pelo seu amor. No fundo, era orgulhoso e se comprazia em saber que alguém o amava de forma tão impetuosa! Fora egoísta e injusto com Cristal, quando realmente acreditou que a esposa inocente teria sido capaz de cometer um gesto tão cruel com a própria irmã. Quantos erros ele também havia cometido!

Elias, que sabia o que os seus protegidos estavam pensando, considerou:

– Meus queridos companheiros de jornada! É sabido que todos nós um dia nos equivocamos e fomos autores de atitudes lastimáveis. Todavia, Deus, em sua inesgotável generosidade, dá-nos uma nova chance para revermos as nossas faltas e seguirmos adiante em nosso caminho, pois, para Ele, nunca é tarde para recomeçar! Fomos eleitos pela misericórdia infinita de nosso Pai e, agora, estamos aqui, com uma nova oportunidade em nossas mãos!

Caberá a todos vocês aproveitá-la da melhor maneira possível!

Após breve pausa, prosseguiu:

– Como podem perceber, os espíritos superiores, em um gesto de bondade, permitiram que fossem resgatados e recebidos nesta colônia, a fim de se recuperarem e estudarem as várias nuances da vida. Por algum tempo vocês estarão sob os cuidados de um novo amigo trabalhador, que assumiu, com muito carinho, a nobre tarefa de direcioná-los às escolas e, quem sabe, de indicar-lhes até algum ofício, se for o caso. Saibam que toda ocupação digna, juntamente com o conhecimento libertador, são os remédios mais eficazes, capazes de nos transformar moralmente. Durante esse período, precisarei me ausentar, mas minha casa será de vocês! No momento certo virei visitá-los! Boa sorte e fiquem em paz!

Após as despedidas, o abnegado orientador foi ao encontro de um rapaz que o aguardava no jardim. Passou algumas instruções a ele e pediu gentilmente para que voltasse no dia seguinte, para então acompanhar os seus tutelados em seus próximos dias na colônia.

Assim que amanheceu, o companheiro designado por Elias compareceu à residência e se apresentou aos mais novos hóspedes. Heitor era um homem bondoso e muito simpático. Com seu jeito cativante, logo conquistou a confiança do grupo e os convidou para dar uma volta pela colônia. O convite inesperado agradou e foi imediatamente aceito por todos! Apenas Claudette não poderia ir, pois ainda estava convalescendo.

Heitor, percebendo sua tristeza, falou, imprimindo ternura na voz:

– Claudette, não fique chateada por ainda não poder sair! Saiba que a sua recuperação não tardará e não faltará oportunidade para que conheça os mais belos lugares desta colônia abençoada! Respeite os próprios limites e não tenha pressa! No momento certo, você poderá desfrutar de todo o aprendizado de que necessita! Eu prometo!

Claudette admirou a forma carinhosa com que aquele rapaz falava e, espontaneamente, abriu seu primeiro sorriso! Nunca alguém a havia tratado com tanto carinho e respeito! Apesar de todas as suas dores, acreditou que, finalmente, havia encontrado uma luz...

Heitor retribuiu a gentileza e sorriu também. Todos os outros já estavam prontos e saíram para caminhar. Durante a agradável excursão, o mais novo "cicerone" explicou:

– Meus irmãos, aqui nós temos uma infinidade de aprendizados. Desde cursos lecionados em salas de aula, até o serviço efetivo de auxílio a irmãos mais necessitados. Contudo, como acabaram de regressar do orbe, humildemente sugiro que procurem frequentar as aulas ministradas em nossas escolas para se situarem e entenderem um pouco mais sobre a vida depois da vida! Daqui por diante vou levá-los aos locais mais apropriados para o aprendizado de todos, se assim quiserem!

Félix, Heber, Lutero, Christine e Cristal demonstraram profunda gratidão por Elias e por aquele novo companheiro que, humildemente, procurava orientá-los.

Cristal, muito emocionada com o auxílio do novo amigo, respondeu, em nome de todos:

– Heitor, nós somos muito gratos pela atenção que nos dispensa. Estamos exultantes de felicidade em saber que poderemos aprender muita coisa sobre esta nova morada na casa do Pai. Esteja certo de que aguardaremos ansiosamente os nossos futuros encontros!

O abnegado servidor, esboçando um sorriso, acentuou:

– Eu é que devo agradecer-lhes por poder servi-los. A partir de agora, iremos nos reunir todos os dias até que possam escolher o que pretendem fazer, doravante.

Após um dia calmo e cheio de novidades, todos os amigos retornaram satisfeitos à casa de Elias

Estavam cientes de que uma nova etapa se iniciava e eles precisavam fazer alguma coisa útil que valorizasse esse momento tão especial.

Transcorreram mais alguns dias e Heitor, pacientemente, auxiliava a todos a concretizar as suas pretensões.

Lutero se matriculou num curso sobre reencarnação e espiritismo; Félix sentia tanta culpa por ter escravizado outros espíritos, que pediu para trabalhar em casas de socorro, prestando auxílio nas enfermarias; Heber e Cristal também se matricularam em uma das escolas; todavia, quando as aulas cessavam, prestavam serviços voluntários nos hospitais da região. Quanto à Christine, ela já era voluntária e, assim, retomou as suas atividades e sempre que possível, encontrava-se com Lutero e Félix, para trocarem experiências.

Claudette melhorou e foi liberada por Heitor para frequentar a escola. No entanto, ela não conseguia aceitar em seu coração aqueles ensinamentos evangélicos, pois sentia muita dificuldade para entender o mecanismo da vida, do perdão e do amor. Essa resistência só ocorria porque, em seu íntimo, ela ainda não havia perdoado a si mesma!

Cada espírito em evolução necessita do seu próprio tempo, pois a natureza é sábia e age paulatinamente. Claudette ainda precisava iniciar a sua íntima transformação moral e isso só seria possível por meio de muitas orações e de um persistente estudo do Evangelho de Cristo. Todavia, como todos os filhos do Criador, ela carrega em sua essência uma centelha divina que, no momento certo, florescerá...

Os dias se passaram céleres, e Elias retornou à colônia para uma reunião com os seus tutelados. O nobre amigo não estava só. Clara o acompanhava, pois agora era chegado o momento tão aguardado por todos. Assim que chegaram a casa, foram recebidos com uma grande festa! Cada companheiro que ali permanecera queria relatar a sua própria experiência durante a ausência do amigo e, tal como crianças, esperavam uma aprovação paternal de suas atitudes! Até Claudette, que entre todos se mostrava a mais renitente, demonstrou alegria por rever o abnegado benfeitor.

O bondoso orientador, após ouvir pacientemente o relato de seus tutelados, ficou satisfeito com o progresso alcançado por todos eles! Refletiu intimamente naquele quadro de amor que se desenhava aos seus olhos e agradeceu a Deus pela superação de cada um!

Após trocarem todas as impressões de alegria e contentamento, Elias tomou a palavra, com uma inflexão suave na voz:

– Queridos companheiros, estou muito feliz pela evolução de todos. Estamos vivendo um momento muito especial. Como eu já disse outras vezes, a bênção da reencarnação é uma fonte inesgotável de luz e proporciona o reajuste e a renovação moral do espírito. Sem tal atributo, ficaríamos eternamente condenados por nossa própria consciência culpada e arrependida. Dessa forma, estamos todos aqui reunidos num único propósito: submeter à aprovação de todos o planejamento da próxima existência de vocês, que, inclusive, já foi autorizada pelos espíritos do Plano Maior e minuciosamente arquitetada pelos Construtores Divinos.

Sabemos que a experiência na carne é suscetível a falhas e, por esse motivo, traz-nos muita insegurança. O período que aqui estagiaram foi essencial para a recuperação de vocês. Todo o conhecimento adquirido nos bancos das salas de aula ou no exercício efetivo da caridade se transformou em grande bagagem de luz, que será levada dentro de cada coração e consciência. Saibam que nunca nos sentimos preparados para a "Grande Viagem", mas podem ter certeza de que Deus, em sua infinita sabedoria, capacita-nos para vencer todas as dificuldades. Não temam, apenas agradeçam!

Após alguns momentos de silêncio, todos se entreolharam. Lágrimas já começavam a cair pela face daqueles espíritos que, intimamente, sentiam-se agraciados por receberem tão grandiosa dádiva. A vida na carne é uma bênção e uma oportunidade ímpar, que liberta o coração e a consciência.

Elias e Clara também demonstravam profunda emoção.

Lutero quebrou o silêncio:

– Nobre orientador, aguardamos ansiosos por este momento tão sublime! Aprendemos muito por aqui, mas sabemos que precisamos dirimir as nossas diferenças e apagar de vez qualquer mágoa que ficou. Creio que agora estamos preparados para conhecer a nossa futura vida na Terra...

Diante da maturidade expressada por Lutero e seus companheiros, Elias, sem mais delongas, iniciou a aguardada revelação:

– Heber renascerá primeiro e desposará Cristal. Ambos terão uma vida modesta e serão pessoas de bem. Receberão como filhas, Claudette e Clara.

A primeira virá com problemas na garganta e no estômago, em razão do veneno que ingeriu na última existência, o qual lesou profundamente o seu *perispírito*. Por essa razão, ela ainda sentirá os reflexos da substância no próprio corpo físico e, consequentemente, precisará de maiores cuidados e atenção dos pais. Clara virá para auxiliar o casal, pois já conhece a Doutrina Espírita e, assim, protegerá o lar e a família. Ressalto que o maior objetivo desta reunião doméstica entre espíritos que sofreram tantos desgostos recíprocos, é a restauração do respeito entre todas as almas e o restabelecimento do amor, como fonte sagrada de luz. Heber será irmão de Lutero, o qual se unirá matrimonialmente à Christine. Dessa união renascerá Félix, que terá oportunidade de conviver com Heber e reconciliar-se com ele, por meio dos laços consanguíneos firmados entre tio e sobrinho. Além disso, ele poderá contar com a proteção de sua querida filha que, na qualidade de mãe dedicada, dispensará ensinamentos fraternais e morais a esse espírito redimido.

"Lutero e Heber ficarão responsáveis pela prestação de auxílio voluntário à coletividade, e assim terão a grande oportunidade de repararem as antigas faltas que cometeram, quando mataram muitos inocentes. Herdarão a tarefa santificada da caridade, por meio da mediunidade de cura e da divulgação da Doutrina Espírita, para a consolação dos aflitos. No entanto, saibam que sofrerão muitas críticas e humilhações, mas deverão manter a confiança de que sempre terão a proteção de Jesus!

"E, por fim, eu ficarei ao lado de todos vocês, à semelhança de um "anjo guardião", e tenho por missão maior intuí-los e não deixá-los se desviarem do caminho reto do bem e do amor."

O benfeitor, demonstrando alegria e bom ânimo, olhou todos os seus tutelados com carinho.

Eles permaneciam emocionados e gratificados. Lágrimas continuavam brotando nos olhos daqueles espíritos comprometidos. Sabiam da dificuldade que seria reencarnarem na mesma família, porém, constantemente eram encorajados por Elias, que não se cansava de distribuir conselhos amorosos e pacificadores, acerca do bem e do perdão.

Depois do silêncio que tomou conta do ambiente, Elias pediu licença e, com uma linda prece, agradeceu a Deus pela oportunidade renovada da vida:

Senhor da Vida e do Amor.

Agraciados somos por mais uma vez nos auxiliar e nos ajudar nestes caminhos sinuosos que atravessamos.

Sois o portador do amor e do perdão, da luz e da caridade, da humildade e da fraternidade!

Não nos deixeis enveredar novamente nas teias da crueldade e da viciação! Ajudai-nos a sermos pessoas melhores e nos mantende sempre no caminho do bem e da paz!

Não nos permitais o sentimento de ódio e de vingança, mas, no lugar destes, a bondade e a perseverança!

Alimentai os nossos sonhos e calai o nosso orgulho! Que possamos sempre volver o olhar para um futuro promissor e renovador! Tocai-nos o coração com a esperança e enchei a nossa alma de júbilo e louvor!

Senhor da Vida e da Verdade! De nós, tende piedade! Somos filhos pródigos que retornam arrependidos ao Vosso abrigo!

Que não nos falte o pão do amor e o vinho da caridade!

Por fim, Senhor, sede conosco, por toda a Eternidade!

Uma grande luz iluminou o ambiente, como se a resposta à oração tivesse chegado. E caíram faíscas douradas e reluzentes sobre todos, formando um grande círculo iluminado.

Elias, que estava genuflexo diante da cena maravilhosa que se desenhou ao seu redor, rogou, intimamente:

Que as sementes lançadas ao solo por estes nossos irmãos possam render uma farta colheita de esperança, num futuro renovador! Que assim seja!

Fim

Leia estes emocionantes romances do espírito Alexandre Villas

Psicografia de Fátima Arnolde

Memórias de uma Paixão

Mariana é uma jovem de 18 anos, cursa Publicidade e, à tarde, trabalha na agência de seu pai, Álvaro. Na mesma Universidade, por intermédio da amiga Júlia, conhece Gustavo, estudante de Direito, um rapaz bonito, mais velho que ela, alto, forte e com expressões marcantes. Nasce uma intensa paixão que tem tudo para se transformar em amor... Até Gustavo ser apresentado para Maria Alice, mãe de Mariana, uma sedutora mulher, rica, fútil, egoísta e acostumada a ter seus desejos satisfeitos. Inicia-se uma estranha competição: mãe e filha apaixonadas pelo mesmo homem.

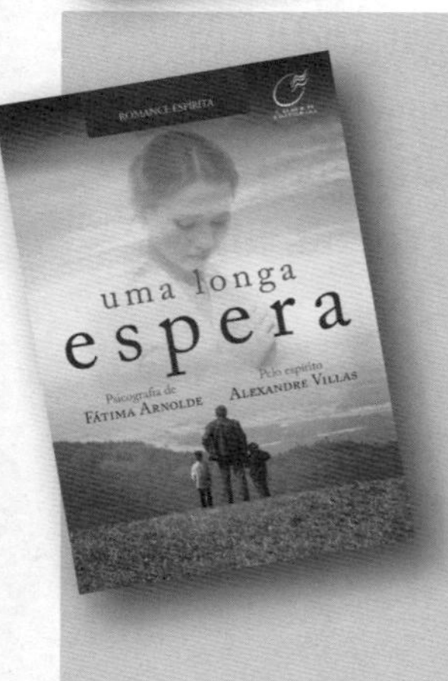

Uma longa espera

Laura, moça de família humilde, envolve-se com Rodrigo, rapaz rico e apaixonado. Ela sabia que jamais os pais dele, preconceituosos e materialistas, aceitariam esse namoro. Para piorar a situação, Laura engravida e, iludida por julgamentos precipitados e pensamentos confusos, termina seu romance com o namorado. Rodrigo, sem nada entender e sem saber da gravidez, muito desiludido, resolve morar no exterior. O tempo passa e Laura tem uma gravidez tumultuada, o que a leva a ter complicações durante a gestação e a desencarnar assim que seus filhos gêmeos nascem. Depois de algum tempo, Rodrigo retorna ao Brasil e descobre a existência dos filhos. Um envolvente enredo que nos mostra os conflitos vividos por relacionamentos conturbados, a falta de amor ao próximo e as grandes lições de provas e reparações que terão de ser experimentadas por todos os personagens a fim de encontrarem seus verdadeiros sentimentos rumo ao perdão.

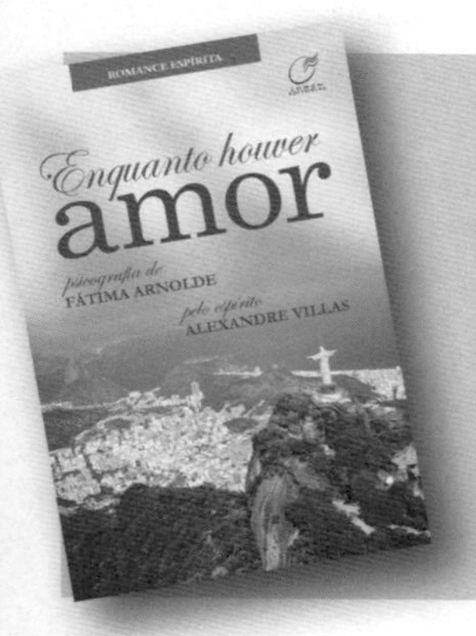

Enquanto houver amor

Santiago, médico, e sua esposa Melânia, formam um casal feliz de classe média alta. Juntos, eles têm um filho: Domênico. Mas um acidente leva a esposa de volta ao plano espiritual e a família começa a viver momentos tormentosos. Sentindo-se sozinho, apesar da companhia do filho e da mãe Luiza, Santiago se afunda no alcoolismo e vive momentos de tristeza e provação. Mas em meio a tanto sofrimento, eles conhecem Cristal, uma jovem moradora de uma comunidade do Rio de Janeiro, que em seu coração carrega o amor e a vontade de ajudar. O destino de todos vai mudar.

Leia os romances de Schellida!

Emoção e ensinamento em cada página!

Psicografia de Eliana Machado Coelho

CORAÇÕES SEM DESTINO – Amor ou ilusão? Rubens, Humberto e Lívia tiveram que descobrir a resposta por intermédio de resgates sofridos, mas felizes ao final.

O BRILHO DA VERDADE – Samara viveu meio século no Umbral passando por experiências terríveis. Esgotada, consegue elevar o pensamento a Deus e ser recolhida por abnegados benfeitores, começando uma fase de novos aprendizados na espiritualidade. Depois de muito estudo, com planos de trabalho abençoado na caridade e em obras assistenciais, Samara acredita-se preparada para reencarnar.

UM DIÁRIO NO TEMPO – A ditadura militar não manchou apenas a História do Brasil. Ela interferiu no destino de corações apaixonados.

DESPERTAR PARA A VIDA – Um acidente acontece e Márcia, uma moça bonita, inteligente e decidida, passa a ser envolvida pelo espírito Jonas, um desafeto que inicia um processo de obsessão contra ela.

O DIREITO DE SER FELIZ – Fernando e Regina apaixonam-se. Ele, de família rica, bem posicionada. Ela, de classe média, jovem sensível e espírita. Mas o destino começa a pregar suas peças...

SEM REGRAS PARA AMAR – Gilda é uma mulher rica, casada com o empresário Adalberto. Arrogante, prepotente e orgulhosa, sempre consegue o que quer graças ao poder de sua posição social. Mas a vida dá muitas voltas.

UM MOTIVO PARA VIVER – O drama de Raquel começa aos nove anos, quando então passou a sofrer os assédios de Ladislau, um homem sem escrúpulos, mas dissimulado e gozando de boa reputação na cidade.

O RETORNO – Uma história de amor começa em 1888, na Inglaterra. Mas é no Brasil atual que esse sentimento puro irá se concretizar para a harmonização de todos aqueles que necessitam resgatar suas dívidas.

FORÇA PARA RECOMEÇAR – Sérgio e Débora se conhecem e nasce um grande amor entre eles. Mas encarnados e obsessores desaprovam essa união.

LIÇÕES QUE A VIDA OFERECE – Rafael é um jovem engenheiro e possui dois irmãos: Caio e Jorge. Filhos do milionário Paulo, dono de uma grande construtora, e de dona Augusta, os três sofrem de um mesmo mal: a indiferença e o descaso dos pais, apesar da riqueza e da vida abastada.

PONTE DAS LEMBRANÇAS – Ricos, felizes e desfrutando de alta posição social, duas grandes amigas, Belinda e Maria Cândida, reencontram-se e revigoram a amizade que parecia perdida no tempo.

MAIS FORTE DO QUE NUNCA – A vida ensina uma família a ser mais tolerante com a diversidade.

Obras de Irmão Ivo: leituras imperdíveis para seu crescimento espiritual
Psicografia da médium Sônia Tozzi

O PREÇO DA AMBIÇÃO
Três casais ricos desfrutam de um cruzeiro pela costa brasileira. Tudo é requinte e luxo. Até que um deles, chamado pela própria consciência, resolve questionar os verdadeiros valores da vida e a importância do dinheiro.

A ESSÊNCIA DA ALMA
Ensinamentos e mensagens de Irmão Ivo que orientam a Reforma Íntima e auxiliam no processo de autoconhecimento.

A VIDA DEPOIS DE AMANHÃ
Cássia viveu o trauma da separação de Léo, seu marido. Mas tudo passa e um novo caminho de amor sempre surge ao lado de outro companheiro.

QUANDO CHEGAM AS RESPOSTAS
Jacira e Josué viveram um casamento tumultuado. Agora, na espiritualidade, Jacira quer respostas para entender o porquê de seu sofrimento.

SOMOS TODOS APRENDIZES
Bernadete, uma estudante de Direito, está quase terminando seu curso. Arrogante, lógica e racional, vive em conflito com familiares e amigos de faculdade por causa de seu comportamento rígido.

O AMOR ENXUGA AS LÁGRIMAS
Paulo e Marília, um típico casal classe média brasileiro, levam uma vida tranquila e feliz com os três filhos. Quando tudo parece caminhar em segurança, começam as provações daquela família após a doença do filho Fábio.

O PASSADO AINDA VIVE
Constância pede para reencarnar e viver as mesmas experiências de outra vida. Mas será que ela conseguirá vencer os próprios erros?

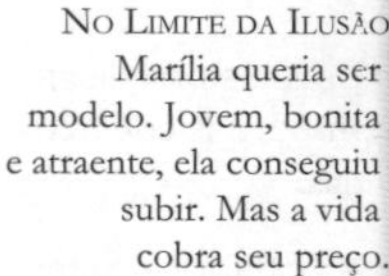

NO LIMITE DA ILUSÃO
Marília queria ser modelo. Jovem, bonita e atraente, ela conseguiu subir. Mas a vida cobra seu preço.

RENASCENDO DA DOR
Raul e Solange são namorados. Ele, médico, sensível e humano. Ela, frívola, egoísta e preconceituosa. Assim, eles acabam por se separar. Solange inicia um romance com Murilo e, tempos depois, descobre ser portadora do vírus HIV. Começa, assim, uma nova fase em sua vida, e ela, amparada por amigos espirituais, desperta para os ensinamentos superiores e aprende que só o verdadeiro amor é o caminho para a felicidade.

Obras da médium Maria Nazareth Dória

Mais luz em sua vida!

A Saga de Uma Sinhá (espírito Luiz Fernando - Pai Miguel de Angola)
Sinhá Margareth tem um filho proibido com o negro Antônio. A criança escapa da morte ao nascer. Começa a saga de uma mãe em busca de seu menino.

Lições da Senzala (espírito Luiz Fernando - Pai Miguel de Angola)
O negro Miguel viveu a dura experiência do trabalho escravo. O sangue derramado em terras brasileiras virou luz.

Amor e Ambição (espírito Helena)
Loretta era uma jovem nascida e criada na corte de um grande reino europeu entre os séculos XVII e XVIII. Determinada e romântica, desde a adolescência guardava um forte sentimento em seu coração: a paixão por seu primo Raul. Um detalhe apenas os separava: Raul era padre, convicto em sua vocação.

Sob o Olhar de Deus (espírito Helena)
Gilberto é um maestro de renome internacional, compositor famoso e respeitado no mundo todo. Casado com Maria Luiza, é pai de Angélica e Hortência, irmãs gêmeas com personalidades totalmente distintas. Fama, dinheiro e harmonia compõem o cenário daquela bem-sucedida família. Contudo, um segredo guardado na consciência de Gilberto vem modificar a vida de todos.

Um Novo Despertar (espírito Helena)
Simone é uma moça simples de uma pequena cidade interiorana. Lutadora incansável, ela trabalha em uma casa de família para sustentar a mãe e os irmãos, e sempre manteve acesa a esperança de conseguir um futuro melhor. Porém, a história de cada um segue caminhos que desconhecemos.

Jóia Rara (espírito Helena)
Leitura edificante, uma página por dia. Um roteiro diário para nossas reflexões e para a conquista de um padrão vibratório elevado, com bom ânimo e vontade de progredir. Essa é a proposta deste livro que irá encantar o leitor de todas as idades.

Minha Vida em tuas Mãos (espírito Luiz Fernando - Pai Miguel de Angola)
O negro velho Tibúrcio guardou um segredo por toda a vida. Agora, antes de sua morte, tudo seria esclarecido, para a comoção geral de uma família inteira.

A espiritualidade e os bebês (espírito Irmã Maria)
Livro que acaricia o coração de todos os bebês, papais e mamães, sejam eles de primeira viagem ou não, e ilumina os caminhos de cada um rumo à evolução espiritual para o progresso de todos.

Vozes do cativeiro (espírito Luiz Fernando - Pai Miguel de Angola)
Apesar do sofrimento dos escravos, a misericórdia Divina sempre esteve presente e lhes proporcionou a chance de sonhar, ouvir os pássaros e conviver com a natureza. As vozes do cativeiro agora são o som dos tambores e dos cantos de alegria em louvor aos mentores espirituais.

Impressão e Acabamento
Bartira
Gráfica
(011) 4393-2911